JN087363

基礎
簿記テキスト

渡辺竜介／江頭幸代／山北晴雄
［編著］

中央経済社

はじめに

AI（人口知能）の発展と社会への浸透にともない，将来多くの仕事がAIに取って代わられる，という話をよく耳にするようになりました。取って代わられる仕事の上位に，経理・会計・財務等の職種や公認会計士・税理士の仕事があげられます。営利企業や官公庁の組織の会計担当者が活用する簿記もAIが担うようになるため，簿記はもう学ぶ必要はなくなるのでしょうか。

AIには，組織内で発生する取引の複雑で大量な計算処理等を瞬時にこなせる能力があるため，帳簿間のチェックや財務諸表の分析などはAIに任せた方が効率的であり，生産性も間違いなく向上するでしょう。しかし，組織を運営する経営者に組織の会計状況や財務状況を正確に理解してもらい，経営戦略の立案や予算管理などに生かすよう提言することは，AIではこなせないと考えます。

そして，こうしたことができるのは，簿記のスキルを確実に身につけ，経営活動に活かすことができる会計人材であって，AIではありません。簿記は，企業規模の大小や業種，業態を問わずに，日々の経営活動を記録・計算・整理して，経営成績や財務状態を明らかにする技能です。簿記を正確に理解することによってはじめて，財務諸表を読む力や分析力が身につきます。

本書は初めて簿記を学ぶ方々のために執筆したテキストです。簿記の学習は，テキストを読んで理解するだけでは本当の力は身につきません。ペンと電卓を用意して，基本的な問題を繰り返し解くことが欠かせません。そのために，各章ごとに多くの練習問題を用意してあります。各章で学ぶ内容の理解，問題演習，解答チェック，間違えた箇所の見直し，という学習サイクルを繰り返し実行してください。

最後に，本書の企画から出版に至るまで大変お世話になりました，中央経済社取締役専務小坂井和重氏に心からお礼を申しあげます。

令和２年２月

編著者一同

目　　次

巻末問題

第１部　簿記の基礎

1－1　簿記とは

1）企業の活動

企業が営む事業にはさまざまな種類，すなわち小売業，製造業，サービス業などの業種があります。小売業であれば商品，製造業であれば製造した製品，またサービス業であればサービスを，顧客に提供しています。どの業種に属する企業も，事業を行うために必要な資金を調達し，集めた資金を事業活動に投下（運用）し，顧客から対価を得ることによって，利益（もうけ）を獲得する活動を行っています。

企業には，自ら資金を提供して起業して企業主となって経営を行う個人企業の他に，さまざまな人から資金を集めて設立し，個人とは切り離した会社という組織があります。会社にはさまざまな形態がありますが，本書では，株式という証券を発行して不特定の人から資金を調達して事業活動を行う**株式会社という形態の会社を前提**に話を進めていきます。

必要な資金の調達方法には，出資者から出資してもらう，あるいは銀行などの金融機関から借り入れる，などの方法があります。出資者は，個人企業と株式会社によって次のように区分されます。

個人企業の場合：資金を出した所有主であり，経営者となる企業主個人です。

株式会社の場合：その会社が発行した株式について，対価を支払って取得した株主や現在の株主です。

本書では株式会社を前提に学習することにしましたので，株式会社は株式を発行して資金調達を行うと理解しておきましょう。

企業が行う事業活動には，物品販売業（文房具店などをイメージしよう）が行う商品を仕入れて販売する活動，製造業（衣料品製造・販売企業や機械部品製造企業などでイメージしてみよう）が行う材料や機械設備等を用いて製品を製造販売する活動，サービス業が行う宿泊やクリーニングのようなサービスを提供する活動など，多種多様な事業活動があります。

事業を行うため，企業は調達した資金を適切に事業活動に使っていくことになります。事業活動にはさまざまなものが必要になります。たとえば土地や建物，車両，陳列棚や機械装置といった物品を購入したり，商品の仕入れや原材料の購入，従業員を雇用したことによる給料や電力の使用による光熱費，広告宣伝活動など，効果的に資金を使っていく必要があります。

本書では，**商品を仕入れて販売する物品販売業を前提**に話を進めていきます。

2）企業の経済活動に関する情報の必要性

企業の活動は，今日の私たちの生活にさまざまな影響を与えています。自動車やパソコン，家電製品など，私たちが使っているものは，企業が作ったものばかりです。企業自身も，社会の一員として，企業活動を行っています。また，企業には多くの人々が関わっています。

企業の経営管理を行う経営者，企業が発行した株式を所有している株主，企業に貸し付けを行う金融機関，その企業の従業員，顧客や仕入れ先などの取引先，地域社会や国も企業をめぐる関係者といえるでしょう。

これらの人々や集団は企業に対する関心をもっています。

たとえば，経営者はより良い経営を行うために企業の状態を知る必要があるでしょう。金融機関は資金を貸し付けるにあたり貸付けの適切性を考える必要があります。また，出資者（株主など）は出資した資金がどのように効率よく利用されているのか知る必要があります。従業員や就職活動をしているものはその給料を支払う能力に関心があるでしょうし，国や地方公共団体は税金を通して企業の状態を知る必要があります。これら企業を取り巻くさまざまな人・集団を企業の「利害関係者」と呼んでいます。

これらの利害関係者は，企業の状態について，特に企業が利益の獲得を目的に事業活動を行っているため，利益を中心とした情報に関心をもっています。経営者はより良い経営をする際の判断材料として，金融機関はその企業に貸付けをする際の判断材料として，また出資者は出資している資金が効率よく適切に使われているかどうか評価することになります。これらの利害関係者に対して，企業は利益等に関する情報を明らかにして，利害関係者の情報ニーズに応えていくために，一定期間ごとに企業の状態に関する報告書を作成し，明らかにすることが必要です。本書で簿記を学習していく皆さんにとっても，就職活動の際など企業の情報を見ておくことは，意味があることだと思います。

さて，この報告書を作成するために，企業が経済活動を記録して報告書を作成する仕組みを「簿記」といいます。

3）簿記の目的

家庭では家計簿のような帳簿を用いて金銭の収支（カネの出入り）を記録し，家計の管理に役立てます。一方，企業の場合は金銭の収支だけでなく，資金の調達，物品の購入・長期にわたる使用・その後の売却や廃棄，商品の仕入・販売，債権・債務の発生・消滅，給料・家賃や水道光熱費の支払いなど多種多様な経済活動を記録する必要があります。このような経済活動をこれから学習していく「複式簿記」（これを通常，簿記と呼んでいます）という仕組みで記録します。企業の経済活動の記録を一定の期間ごとに区切りをつけて，その結果をまとめて財産等の計算と損益の計算を，次節で学習する貸借対照表と損益計算書（あわせて財務諸表といいます）という報告書として作成・表示します。

簿記の主な目的は，次のように要約できます。

① 日常の経済活動による企業の財産等の増減を組織的に記録することにより，企業が保有する財産等の管理を適切に行うこと。

② 一定時点の財産等の状況（**財政状態**といいます）と一定期間における損益の状況（**経営成績**といいます）を明らかにすることにより，企業の利害関係者の意思決定に役立てること。

4）簿記を学ぶ上で

本書では，株式会社を前提に，物品販売業を取り上げて学ぶことにします。簿記を学ぶ上で注意しなければならないのは，「資金を提供した個人」の活動ではなく，あくまで経済活動を行った企業の活動を簿記で捉えるということです。

簿記は非常にシンプルな記録のシステムです。英語の学習に例えると，その文法事項は本当にわずかです。このシンプルな簿記構造を，学習初期の段階で，きちんと理解することが重要です。さまざまな企業活動があるので，学習が進むにつれて「単語」が増えていきます。ぜひ，簿記・会計という企業の言語を使いこなして，ビジネス社会で活躍できるようになってください。簿記の学習そのものが，企業経営の仕組みを理解する大きな役割をも果たすこととなると思います。

1－2　貸借対照表と損益計算書

1）財政状態と貸借対照表

簿記の目的の１つは「一定時点における企業の財政状態を明らかにする」ことです。財政状態とは，企業の資産，負債，資本（純資産ともいいます）の状態を指し，これを報告するための報告書を**貸借対照表**（Balance Sheet，B/S）といいます。

①　資　　産

資産は，現金や経済活動を通じて将来に現金をもたらす物品や権利などの経済的価値をもつものをいいます。

資産を具体的にみてみると，現金や預金のほか，利益を獲得するために使用する土地，建物や商品などのような物品や，売掛金（商品を販売し代金をまだ受け取っていない場合の支払請求権）や貸付金（他人に金銭を貸している場合の返済請求権）などの権利があげられます。

＜資産項目の具体例＞

現金　　普通預金　　売掛金　　商品　　貸付金
備品（パソコンや陳列棚といった長期にわたって使用する物品）　　土地
建物　　車両運搬具　など

②　負　　債

負債は，経済活動を通じて将来に現金の流出をもたらす債務や経済的資源を引き渡す義務などをいいます。

負債を具体的にみてみると，買掛金（商品を代金後払いで仕入れた場合の後日の支払義務）や借入金（他人から借金をしている場合の後日の返済義務）などがあげられます。

＜負債項目の具体例＞

買掛金　　借入金　　未払金（商品以外のものを購入し代金を後日に支払う義務）　など

③　資　　本

資本は，資産総額から負債総額を差し引いた差額として求められます。資本は純資産とも呼ばれます。資本は，企業の資産から負債を控除して残った分としての所有主（株式会社を前提としているのでここでは株主）の持分という性格もあります。

資本には，株主からの出資分を表す資本金と，企業活動によって稼ぎ出した利益の留保額を示す繰越利益剰余金があります。

＜資本の具体例＞

資本金　　利益準備金　　繰越利益剰余金

【発展】 貸借対照表では，資産，負債，純資産という見出しが用いられます。学習が深く進むと，さまざまな純資産に関する項目が出てきます。ただし，本書では「資本」として説明し，まずは株主の持分として理解してください。

上記のことから，資産・負債・資本の関係について，等式で示すと次のようになります。

資産－負債＝純資産（資本）　……　これを資本等式といいます。

2）貸借対照表の形式

貸借対照表は，企業の一定時点の財政状態を明らかにするための報告書で，資産を左側（簿記では左側を借方という）に記入し，負債・資本を右側（貸方という）に記入します。さきの資本等式の負債を右側（貸方）に移すと，貸借対照表を作成するための等式となります。この等式を貸借対照表等式といいます。

資産＝負債＋資本　……　貸借対照表等式

貸借対照表を図式化してイメージすると，次のようになります。

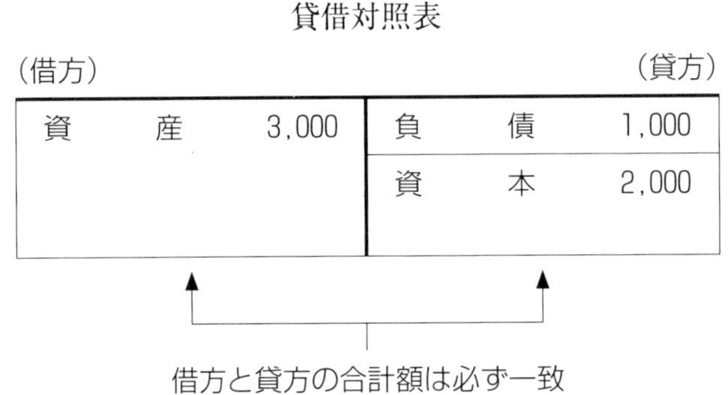

例　題　令和Ｘ年１月１日現在の㈱金沢商店の資産および負債は，次のとおりである。同社の令和Ｘ年１月１日現在の貸借対照表を作成すること。なお，資本はすべて資本金とし，その額は各自計算すること。

現　金　¥ 60,000　　商　品　¥150,000　　建　物　¥600,000

土　地　¥900,000　　買掛金　¥180,000　　借入金　¥300,000

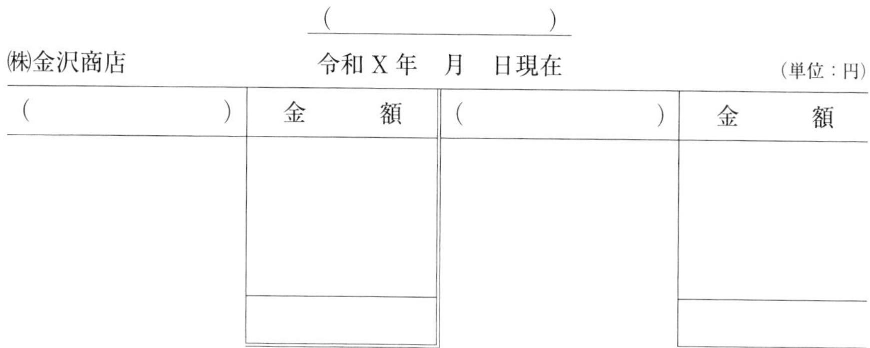

解答・解説

（貸　借　対　照　表）

㈱金沢商店　　令和Ｘ年１月１日現在　　（単位：円）

（資　　産）	金　額	（負債および純資産）	金　額
現　　金	60,000	買　掛　金	180,000
商　　品	150,000	借　入　金	300,000
建　　物	600,000	資　本　金	1,230,000
土　　地	900,000		
	1,710,000		1,710,000

※１　金額の桁，行は右寄せで揃える。

※２　借方と貸方で行数が異なるとき，少ない方の項目に斜線を引き，合計金額の行を揃える。

※３　金額欄で，合計するときには一本線（合計線といいます）を引く。合計金額の下には二重線（締切線といいます）を引く。

資料にある項目について，資産，負債を分類して把握します。

資産は貸借対照表の借方，負債は貸方に並べます。

資産の合計額と負債の合計額の差額を資本（問題文からここではその全額を資本金）として把握し，資本金は貸方に負債に続けて記載します。

資産総額＝現金￥60,000＋商品￥150,000＋建物￥600,000＋土地￥900,000＝￥1,710,000

負債総額＝買掛金￥180,000＋借入金￥300,000＝￥480,000

「資本金」の額＝資産総額￥1,710,000－負債総額￥480,000＝￥1,230,000

問題1　令和X年4月1日現在の山形商店㈱の資産および負債は，次のとおりである。同社の令和X年4月1日現在の貸借対照表を作成すること。なお，資本はすべて資本金とし，その額は各自計算すること。

現　金	¥ 90,000	買掛金	¥110,000	備　品	¥440,000
商　品	¥130,000	土　地	¥500,000	借入金	¥270,000
建　物	¥700,000				

（　　　　　　　　）

山形商店㈱　　　　年　月　日現在　　　　（単位：円）

（　　　　）	金　額	（　　　　）	金　額

解　答

（貸　借　対　照　表）

山形商店㈱　　　　令和X年4月1日現在　　　　（単位：円）

（資　　産）	金　額	（負債および純資産）	金　額
現　　金	90,000	買　掛　金	110,000
商　　品	130,000	借　入　金	270,000
備　　品	440,000	資　本　金	1,480,000
建　　物	700,000		
土　　地	500,000		
	1,860,000		1,860,000

資産総額＝現金¥90,000＋商品¥130,000＋備品¥440,000＋建物¥700,000＋土地¥500,000
＝¥1,860,000

負債総額＝買掛金¥110,000＋借入金¥270,000＝¥380,000

「資本金」の額＝資産総額¥1,860,000－負債総額¥380,000＝¥1,480,000

3）経営成績と損益計算書

企業は営業活動を永続的に営んでいるため，簿記では一定の期間的な区切りを付けて，報告を行う必要があります。この区切りを**会計期間**といい，1カ月や1年を会計期間とし，定期的に貸借対照表と損益計算書を作成します。この会計期間の初めを**期首**，終わりを**期末**といいます。また，現在の経済活動を営んでいる期間のことを**当期**といい，当期の1つ前の期間のことを**前期**，1つ後の期間のことを**次期**

といいます。

簿記の目的の１つに「一定期間における経営成績を明らかにすること」があります。

経営成績とは，１会計期間における収益と費用の状況およびその差額である当期純利益を指し，これを報告するために作成される書類を**損益計算書**（Profit and Loss Statement，P/L）といいます。

①　収　　益

収益とは，企業の営業活動の結果，資本（ここでは，企業が稼ぎ出した利益の部分）を増加させる原因となるものをいいます。

<収益項目の具体例>

売上（商品を販売して受け取る対価）

受取手数料（仲介等のサービスを提供して受け取った手数料）

受取利息（貸付金により受け取った利息）

受取家賃（店舗や部屋を貸すサービスを提供して受け取った家賃）　など

②　費　　用

費用とは，企業の営業活動にともなって，資本（ここでは，企業が稼ぎ出した利益の部分）を減少させる原因となるものをいいます。

<費用項目の具体例>

売上原価（販売して使った商品の原価）

給料（労働力の提供に対して支払う給料）

支払家賃（建物，部屋を借りて支払う家賃）

広告宣伝費（テレビ・新聞広告などに支払う代金）

その他に，消耗品費，水道光熱費，保険料，支払利息，旅費交通費　など

当期純利益は，収益総額から費用総額を差し引いた差額として，次のように計算されます。

収　　益　－　費　　用　＝　当期純利益

例　題

㈱佐賀商店の令和X1年４月１日から令和X2年３月31日の期間における収益および費用は，次のとおりである。当期純利益の額を求めなさい。

売　上	￥300,000	売上原価	￥180,000	広告宣伝費	￥ 5,000
給　料	￥ 15,000	受取手数料	￥10,000	水道光熱費	￥20,000

解答・解説

収益総額＝売上￥300,000＋受取手数料￥10,000＝￥310,000

費用総額＝売上原価￥180,000＋広告宣伝費￥5,000＋給料￥15,000
＋水道光熱費￥20,000＝￥220,000

収益総額￥310,000－費用総額￥220,000＝当期純利益￥90,000

4）損益計算書の形式

上記の式を次のように変形すると損益計算書を作成するための等式となります。

費用　＋　当期純利益　＝　収益　……　損益計算書等式

損益計算書は，

損益計算書

（借方）		（貸方）	
費　　用	220,000	収　　益	310,000
当期純利益	90,000		

収益が費用を上回れば「当期純利益」を借方に計上し，費用が収益を上回れば「当期純損失」を貸方に計上することになります。

例　題　㈱平塚商店における令和X1年4月1日から令和X2年3月31日の期間における収益と費用の項目は，次のとおりである。これをもとに損益計算書を作成すること。

給　料	¥110,000	支払利息	¥　3,000	受取手数料	¥　7,000
売　上	¥490,000	売上原価	¥270,000	支払家賃	¥10,000
広告宣伝費	¥　12,000				

（　　　　　　　）

㈱平塚商店　　　　年　月　日から　　年　月　日まで　　　　（単位：円）

（　　　　）	金　　額	（　　　　）	金　　額

解答・解説

（損　益　計　算　書）

㈱平塚商店　　令和X1年4月1日から令和X2年3月31日まで　　（単位：円）

（費　用）	金　額	（収　益）	金　額
売上原価	270,000	売上	490,000
給料	110,000	受取手数料	7,000
支払家賃	10,000		
広告宣伝費	12,000		
支払利息	3,000		
当期純利益	92,000		
	497,000		497,000

必ず一致します

※1　金額の桁，行は右寄せで揃える。

※2　借方と貸方で行数が異なるとき，少ない方の項目に斜線を引き，合計金額の行を揃える。

※3　金額欄で，合計するときには一本線（合計線といいます）を引く。合計金額の下には二重線（締切線といいます）を引く。

費用項目と収益項目をそれぞれ選び出して，費用項目は損益計算書の借方に，収益項目は貸方に並べて記載します。

費用総額と収益総額を比較して，収益が費用を上回っている場合には「当期純利益」として借方に記入し，費用が収益を上回っている場合には「当期純損失」として貸方に記入します。当期純利益，当期純損失は差額を埋めるように記入するため，損益計算書の末尾の合計額は必ず一致します。

問題2　㈱川崎商店における令和X1年1月1日から12月31日までの期間における収益と費用の項目は，次のとおりである。これをもとに損益計算書を作成すること。

支払家賃	¥ 50,000	受取利息	¥ 10,000	売　上	¥850,000
売上原価	¥520,000	給　料	¥160,000	水道光熱費	¥ 80,000

（　　　　　　　　）

㈱川崎商店　　　　年　月　日から　　年　月　日まで　　　　（単位：円）

（　　　　）	金　額	（　　　　）	金　額

解　答

（損　益　計　算　書）

㈱川崎商店　　令和X1年1月1日から令和X1年12月31日まで　　（単位：円）

（費　　用）	金　額	（収　　益）	金　額
売上原価	520,000	売　上	850,000
給　料	160,000	受取利息	10,000
支払家賃	50,000		
水道光熱費	80,000		
当期純利益	50,000		
	860,000		860,000

5）貸借対照表と損益計算書

貸借対照表と損益計算書は，相互に重要な結びつきがあります。これを理解するために次のような例を考えてみましょう。

> 期首に自分の財布の中に現金¥120,000入っていた。そのうち¥40,000は他人から借りたものであった。期末に財布の中身は現金¥170,000になっていたが，他人から借りた分は¥70,000になっていた。あなたの資本は期首と期末を比べていくら増減しているだろうか？

これを簿記の世界に置き換えると，次のようにイメージされます。

期首資産¥120,000－期首負債¥40,000＝期首資本¥80,000

期末資産￥170,000－期末負債￥70,000＝期末資本￥100,000

期首資本（期首の株主の持分）にたいして期末資本（期末の株主の持分）が￥20,000だけ増えています。この１会計期間の資本の増加分を当期純利益（減少した場合には当期純損失）としてとらえます。

期末資本　－　期首資本　＝　当期純利益

このように期首と期末の資本の額を比較することによって当期純利益の金額を求める計算方法を**財産法**といいます。図示すると次のようになります。当期純利益は，貸借対照表では「繰越利益剰余金」に含められます。

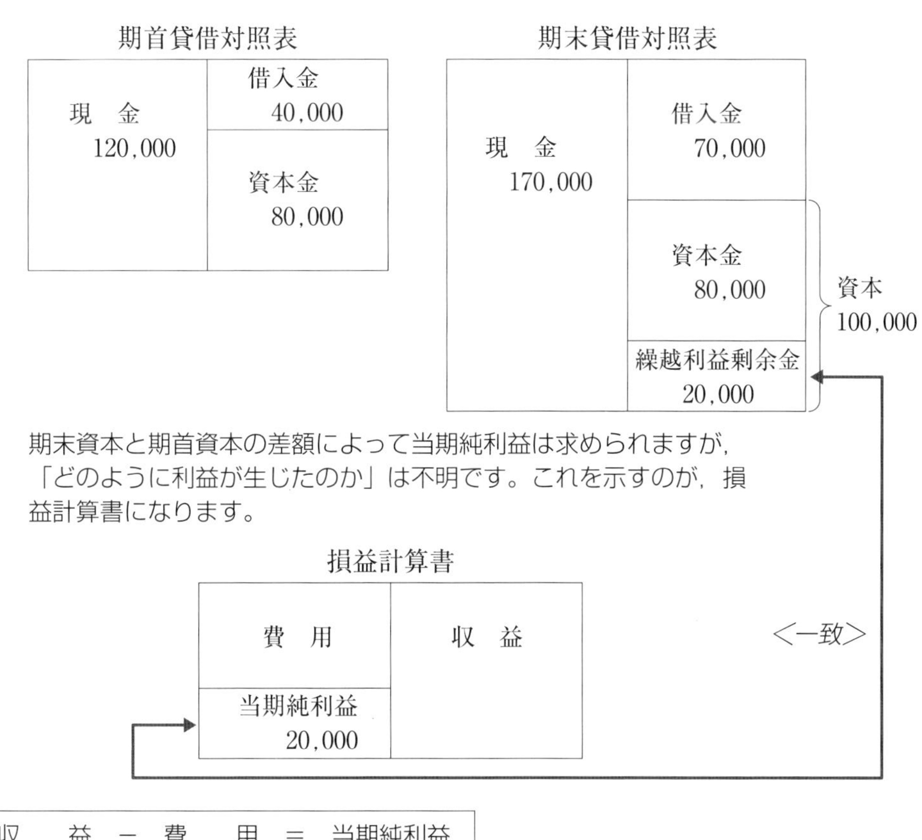

収　　益　－　費　　用　＝　当期純利益

収益と費用の差額として当期純利益を求める計算方法を**損益法**といいます。

財産法により求められた当期純利益（企業活動による資本の増加分）と，損益法により求められた当期純利益は必ず一致します。損益計算書によって計算された当期純利益は，貸借対照表においては企業活動によって稼ぎ出した利益の留保額を示す繰越利益剰余金の増加分となります。

問題3　次の表の空欄に適する金額を記入しなさい。なお，純損失となる場合は，純損益欄に記入する金額に△印をつけること。

	期首			期末			収益	費用	純損益
	資産	負債	資本	資産	負債	資本			
1	23,000	9,000		27,000		15,000	31,000		
2	11,000			9,600		6,500	8,700		△800
3		5,300	2,100		5,500		9,200	8,200	
4	4,300		1,300		3,500	1,000		4,700	

解答・解説

	期首			期末			収益	費用	純損益
	資産	負債	資本	資産	負債	資本			
1	23,000	9,000	**14,000**	27,000	**12,000**	15,000	31,000	**30,000**	**1,000**
2	11,000	**3,700**	**7,300**	9,600	**3,100**	6,500	8,700	**9,500**	△800
3	**7,400**	5,300	2,100	**8,600**	5,500	**3,100**	9,200	8,200	**1,000**
4	4,300	**3,000**	1,300	**4,500**	3,500	1,000	**4,400**	4,700	**△300**

財産法による当期純利益（期首資本と期末資本の差額）と，損益法による当期純利益の計算（収益と費用の差額）の関係を考えましょう。

問題4　㈱長野商店の期末令和X1年12月31日現在の資産の状況と，同会計期間中の収益と費用の金額は次のとおりである。損益計算書および貸借対照表を作成しなさい。なお，期首令和X1年1月1日の資本金は¥1,000,000である。

現金	¥ 60,000	備品	¥ 80,000	買掛金	¥ 110,000
商品	¥110,000	普通預金	¥130,000	売上原価	¥1,000,000
借入金	¥500,000	売掛金	¥130,000	売上	¥1,500,000
水道光熱費	¥ 70,000	消耗品費	¥ 50,000	建物	¥ 600,000
土地	¥700,000	受取手数料	¥ 70,000	給料	¥ 250,000

(　　　　　　　　)

㈱長野商店　　令和 X1 年 1 月 1 日から令和 X1 年12月31日まで　　(単位：円)

(　　　　)の部	金　　額	(　　　　)の部	金　　額

(　　　　　　　　)

㈱長野商店　　令和 X1 年12月31日現在　　(単位：円)

(　　　　)の部	金　　額	(　　　　)の部	金　　額

解　答

(損　益　計　算　書)

㈱長野商店　　令和 X1 年 1 月 1 日から令和 X1 年12月31日まで　　(単位：円)

(　費　　用　)の部	金　　額	(　収　　益　)の部	金　　額
売　上　原　価	1,000,000	売　　　　上	1,500,000
給　　　　料	250,000	受 取 手 数 料	70,000
水 道 光 熱 費	70,000		
消　耗　品　費	50,000		
当 期 純 利 益	200,000		
	1,570,000		1,570,000

（貸　借　対　照　表）

㈱長野商店　　令和 X1 年12月31日現在　　（単位：円）

（ 資　産 ）の部	金　額	（負債および純資産）の部	金　額
現　金	60,000	買　掛　金	110,000
普　通　預　金	130,000	借　入　金	500,000
売　掛　金	130,000	資　本　金	1,000,000
商　品	110,000	繰越利益剰余金	200,000
備　品	80,000		
建　物	600,000		
土　地	700,000		
	1,810,000		1,810,000

1－3　取引・仕訳・転記

1）取　　引

取引という用語は日常でも用いますが，簿記上では資産・負債・資本を増減させたり，収益・費用を発生させることがらを**取引**といいます。

- 日常でも簿記上でも取引になるもの……商品の仕入れや売り上げ，従業員への給料の支払いなど。
- 日常では取引になりますが，簿記上では取引にならないもの……建物の賃貸借契約，従業員の雇用契約など。
- 日常では取引になりませんが，簿記上では取引になるもの……火災による建物の焼失，商品の盗難など。

例　題　次のことがらのうち，簿記上の取引となるものの番号を示しなさい。

(1)　商品¥400,000を仕入れ，代金は月末に支払うことにした。
(2)　倉庫を建設するために，土地を借りる契約を結んだ。
(3)　火災によって，店舗¥4,000,000が焼失した。
(4)　店舗の新設にともなって，従業員を雇用する契約を結んだ。
(5)　商品¥800,000が盗難にあった。

解　答

(1)，(3)，(5)

2）勘定と勘定科目

簿記上の取引が生じたときに，資産・負債・資本の増減や，収益・費用の発生を記録しますが，この記録・計算をする場所を**勘定**（account；a/c）といいます。

勘定はT字の形で左右に区分され，左側を借方（かりかた），右側を貸方（かしかた）といいます。取引が生じたときに，この勘定の借方と貸方に，一定のルールにしたがって記録をしていきます。

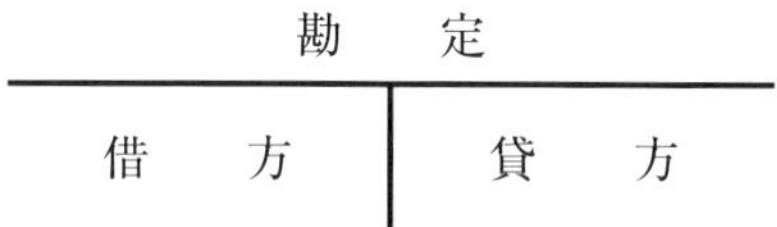

貸借対照表には資産・負債・資本が，損益計算書には収益・費用が記載されます。この資産・負債・

資本・収益・費用を構成する各科目を，**勘定科目**と呼びます。

資産は「現金」勘定・「売掛金」勘定など，負債は「借入金」勘定・「買掛金」勘定など，資本は「資本金」勘定などの勘定科目に分類されます。

また，収益は「売上」勘定・「受取利息」勘定など，費用は「仕入」勘定・「給料」勘定などの勘定科目に分類されます。

3）取引要素の結合関係 ★

取引を要素に分析してみると，下図に示すとおり8個の要素から成り立っていることがわかります。これを取引の8要素といいます。また，取引は，借方の取引要素と貸方の取引要素の組み合わせから成り立ちますが，これを**取引要素の結合関係**といいます。

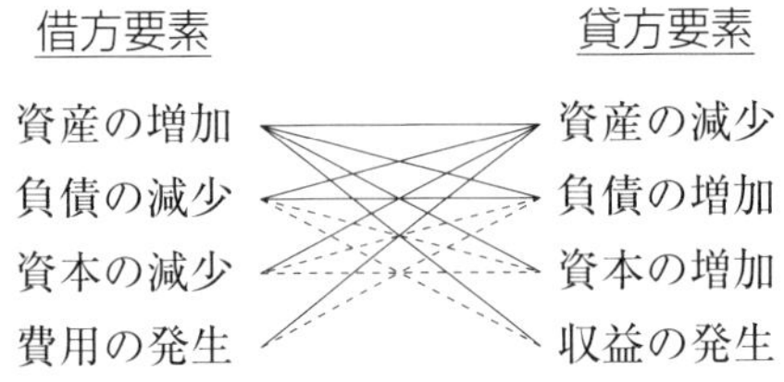

注：――― で示した取引は、発生頻度（ひんど）が高い取引。
　　------ で示した取引は、あまり発生しない取引。

例　題　次の㈱白里商店の取引について，取引要素の結合関係を示しなさい（商品に関する勘定は3分法による）。

4月1日　株主から現金¥4,000,000の出資を受けて㈱白里商店を設立し，営業を開始した。
　　6日　営業用の机・いすなどの備品¥1,000,000を現金で買い入れた。
　10日　市原商店から商品¥1,200,000を仕入れ，代金は掛けとした。
　14日　花見商店に商品¥1,920,000を売り渡し，代金は掛けとした。
　18日　市原商店に，買掛金¥1,200,000を現金で支払った。
　20日　花見商店から，売掛金の一部¥1,600,000を現金で受け取った。
　25日　従業員に本月分の給料¥640,000を現金で支払った。

日付	勘定科目	取引要素	勘定科目	取引要素
4/ 1	現金	資産の増加	資本金	資本の増加
6				
10				
14				
18				
20				
25				

解　答

4月1日　現金（資産）¥4,000,000の増加 ⇔ 資本金（資本）¥4,000,000の増加
6日　備品（資産）¥1,000,000の増加 ⇔ 現金（資産）¥1,000,000の減少
10日　仕入（費用）¥1,200,000の発生 ⇔ 買掛金（負債）¥1,200,000の増加
14日　売掛金（資産）¥1,920,000の増加 ⇔ 売上（収益）¥1,920,000の発生
18日　買掛金（負債）¥1,200,000の減少 ⇔ 現金（資産）¥1,200,000の減少
20日　現金（資産）¥1,600,000の増加 ⇔ 売掛金（資産）¥1,600,000の減少
25日　給料（費用）¥640,000の発生 ⇔ 現金（資産）¥640,000の減少

4）仕　訳

簿記上の取引が生じたときに，各取引について記入する勘定科目と金額を決定して，借方と貸方へ記録することを**仕訳**といいます。

例　題　次の㈱稲毛商店の取引の仕訳を示しなさい（商品に関する勘定は3分法による）。

6月1日　株主から現金¥3,200,000の出資を受けて㈱稲毛商店を設立し，営業を開始した。
7日　若葉商店から商品¥1,800,000を仕入れ，代金は掛けとした。
12日　銚子商店に商品¥1,200,000を売り渡し，代金は現金で受け取った。
14日　営業用の机・いす¥1,400,000を買い入れ，現金で支払った。
16日　若葉商店に買掛金のうち¥1,000,000を現金で支払った。
20日　君津商店から商品¥2,000,000を仕入れ，代金のうち¥400,000は現金で支払い，残額は掛けとした。
23日　芝山商店に商品¥2,160,000を売り渡し，代金は掛けとした。
25日　従業員に本月分の給料¥520,000を現金で支払った。
28日　芝山商店から売掛金のうち¥800,000を現金で受け取った。

日付	借方科目	金　額	貸方科目	金　額
6/ 1				
7				
12				
14				
16				
20				
23				
25				
28				

解　答

日付		借方科目	金額		貸方科目	金額
6/ 1	(借)	現　　金	3,200,000	(貸)	資 本 金	3,200,000
7	(借)	仕　　入	1,800,000	(貸)	買 掛 金	1,800,000
12	(借)	現　　金	1,200,000	(貸)	売　　上	1,200,000
14	(借)	備　　品	1,400,000	(貸)	現　　金	1,400,000
16	(借)	買 掛 金	1,000,000	(貸)	現　　金	1,000,000
20	(借)	仕　　入	2,000,000	(貸)	現　　金	400,000
					買 掛 金	1,600,000
23	(借)	売 掛 金	2,160,000	(貸)	売　　上	2,160,000
25	(借)	給　　料	520,000	(貸)	現　　金	520,000
28	(借)	現　　金	800,000	(貸)	売 掛 金	800,000

5）転　記 ★

仕訳を行ったあと，仕訳の内容を各勘定に書き移すことを**転記**といいます。勘定への転記は，次のように行います。

① 仕訳の借方勘定科目は，同じ名称の勘定の借方に日付と金額，相手勘定科目を記入します。相手勘定科目が2つ以上あるときは，「諸口」と記入します。

② 仕訳の貸方勘定科目は，同じ名称の勘定の貸方に日付と金額，相手勘定科目を記入します。相手勘定科目が2つ以上あるときは，「諸口」と記入します。

例　題　上記の4）**【例題】**の仕訳を勘定（T勘定）に転記しなさい。

現　　金　1

売 掛 金　2

備　　品　3

買 掛 金　4

資 本 金　5

仕　　入　6

売　　上　7

給　　料　8

解　答

現　金　1

日付	摘要	金額	日付	摘要	金額
6/ 1	資本金	3,200,000	6/14	備品	1,400,000
12	売上	1,200,000	16	買掛金	1,000,000
28	売掛金	800,000	20	仕入	400,000
			25	給料	520,000

売掛金　2

日付	摘要	金額	日付	摘要	金額
6/23	売上	2,160,000	6/28	現金	800,000

備　品　3

日付	摘要	金額	日付	摘要	金額
6/14	現金	1,400,000			

買掛金　4

日付	摘要	金額	日付	摘要	金額
6/16	現金	1,000,000	6/ 7	仕入	1,800,000
			20	仕入	1,600,000

資本金　5

日付	摘要	金額	日付	摘要	金額
			6/ 1	現金	3,200,000

仕　入　6

日付	摘要	金額	日付	摘要	金額
6/ 7	買掛金	1,800,000			
20	諸口	2,000,000			

売　上　7

日付	摘要	金額	日付	摘要	金額
			6/12	現金	1,200,000
			23	売掛金	2,160,000

給　料　8

日付	摘要	金額	日付	摘要	金額
6/25	現金	520,000			

1－4 仕訳帳と総勘定元帳

1）仕 訳 帳

簿記上の取引が生じたときに行う仕訳と転記を学びましたが，この仕訳を記入する正式な帳簿を**仕訳帳**といいます。仕訳帳の記入方法は次のとおりです。

① 日付欄：日付欄には取引の発生した月日を記入します。通常，月は1回記入したら月が変わるまで記入せず，月が変わったときに記入します。ただし，仕訳帳のページが変わった場合には，新たなページの最初の仕訳に月を記入することもあります。また，同日の取引については日を記入せず「〃」を記入します。

② 摘要欄：摘要欄には借方と貸方に分けて勘定科目を記入します。借方または貸方の勘定科目が複数になるときには，勘定科目の上に「諸口（しょくち）」と記入します。また，仕訳の下の行に取引を補足説明するための「小書き（こがき）」を記入します。

③ 元丁欄：元丁欄には仕訳を各勘定に転記したときに，その勘定科目の番号を記入します。

④ 借方・貸方欄：借方・貸方欄には，借方・貸方の勘定科目と同じ行に，その金額を記入します。

仕　訳　帳

❷ ❸→1

令和X年		❶→摘要	元丁	借方	貸方
8	1	（現　　金）	1	3,200,000	
		（資 本 金）	5		3,200,000
		株主から出資を受けて営業開始			
	7	（仕　　入） ❹	6	1,800,000	
		（買 掛 金）	4		1,800,000
		○○商店から仕入れ			
	12	（現　　金）	1	1,200,000	
		（売　　上）	7		1,200,000
		○○商店へ売り上げ			
	14	（備　　品）	3	1,400,000	
		（現　　金）	1		1,400,000
		営業用の机・いすの買い入れ			

〔注〕❶ 借方の勘定科目は左側に，貸方の勘定科目は右側に，（　）をつけて記入します。仕訳の下に，小書きも記入します。

❷ 仕訳を各勘定に転記したとき，その勘定科目の番号を記入します。

❸ 仕訳帳のページを記入します。

❹ 次の取引を記入するときに，横線を引いて区切ります。

2）総勘定元帳（元帳）

仕訳を転記したすべての勘定をまとめた正式な帳簿を，**総勘定元帳**または**元帳**といいます。総勘定元帳は仕訳帳とともに簿記上欠くことのできない重要な帳簿であり，**主要簿**と呼ばれます。

総勘定元帳は，資産・負債・資本の増減，収益・費用の発生について企業内容を全体的に表示するため，貸借対照表や損益計算書の作成資料となります。総勘定元帳の記入方法は次のとおりです。

① 日付欄：日付欄には仕訳帳の日付を記入します。月は1回記入したら月が変わるまで記入しません。また，同日の取引については日を記入せず「〃」を記入します。

② 摘要欄：摘要欄には仕訳の相手勘定科目を記入します。相手の勘定科目が複数になるときには，「諸口」と記入します。

③ 仕丁欄：仕丁欄は転記した仕訳が記入されている仕訳帳のページを記入します。

④ 借方・貸方欄：借方欄には仕訳の借方金額を，貸方欄には仕訳の貸方金額を記入します。

総　勘　定　元　帳

❶　現　金　❷　❸→1

令和X年		摘要	仕丁	借方	令和X年		摘要	仕丁	貸方
5	1	資本金	1	1,600,000	5	6	仕入	1	600,000
	10	諸口	〃	1,500,000		8	備品	〃	500,000
	16	売掛金	〃	1,300,000		22	買掛金	〃	800,000
						23	広告料	〃	300,000

❹　❺

〔注〕❶ 仕訳帳の日付を記入します。
❷ 仕訳が記入されている仕訳帳のページを記入します。
❸ 各勘定科目の番号を記入します。
❹ 仕訳の相手の勘定科目が複数になるときは諸口と記入します。
❺ 仕訳の相手の勘定科目を記入します。

例題　次の取引を仕訳帳に記入し，総勘定元帳に転記しなさい（商品に関する勘定は3分法による）。

8/ 1 株主から現金¥6,000,000の出資を受けて営業を開始した。

3 営業用の机・いす¥1,200,000を買い入れ，現金で支払った。

7 館山商店から商品¥2,400,000を仕入れ，代金のうち¥800,000を現金で支払い，残額は掛けとした。

10 印西商店に商品¥1,800,000を売り渡し，代金のうち¥1,000,000を現金で受け取り，残額は掛けとした。

仕　訳　帳

1

令和X年		摘　　要	元丁	借　方	貸　方
8	1	(　　　　) (　　　　) 株主から出資を受けて営業開始			
		(　　　　) (　　　　) 営業用の机・いすの買い入れ			
		(　　　　) 諸　口 (　　　　) (　　　　) 館山商店から仕入れ			
		諸　口 (　　　　) (　　　　) (　　　　) 印西商店に売り上げ			

総勘定元帳

現　金

1

令和X年		摘要	仕丁	借　方	令和X年		摘要	仕丁	貸　方

売　掛　金

2

令和X年		摘要	仕丁	借　方	令和X年		摘要	仕丁	貸　方

備　品

3

令和X年		摘要	仕丁	借　方	令和X年		摘要	仕丁	貸　方

買　掛　金

4

令和X年		摘要	仕丁	借　方	令和X年		摘要	仕丁	貸　方

資　本　金　5

令和X年		摘要	仕丁	借方	令和X年		摘要	仕丁	貸方

仕　入　6

令和X年		摘要	仕丁	借方	令和X年		摘要	仕丁	貸方

売　上　7

令和X年		摘要	仕丁	借方	令和X年		摘要	仕丁	貸方

解答

仕　訳　帳　1

令和X年		摘要	元丁	借方	貸方
8	1	（現　金）	1	6,000,000	
		（資本金）	5		6,000,000
		株主から出資を受けて営業開始			
	3	（備　品）	3	1,200,000	
		（現　金）	1		1,200,000
		営業用の机・いすの買い入れ			
	7	（仕　入）　諸　口	6	2,400,000	
		（現　金）	1		800,000
		（買掛金）	4		1,600,000
		館山商店から仕入れ			
	10	諸　口　（売　上）	7		1,800,000
		（現　金）	1	1,000,000	
		（売掛金）	2	800,000	
		印西商店に売り上げ			

総勘定元帳

現　　　金　　　1

令和X年		摘要	仕丁	借方	令和X年		摘要	仕丁	貸方
8	1	資本金	1	6,000,000	8	3	備品	1	1,200,000
	10	売上	〃	1,000,000		7	仕入	〃	800,000

売　掛　金　　　2

令和X年		摘要	仕丁	借方	令和X年		摘要	仕丁	貸方
8	10	売上	1	800,000					

備　　　品　　　3

令和X年		摘要	仕丁	借方	令和X年		摘要	仕丁	貸方
8	3	現金	1	1,200,000					

買　掛　金　　　4

令和X年		摘要	仕丁	借方	令和X年		摘要	仕丁	貸方
					8	7	仕入	1	1,600,000

資　本　金　　　5

令和X年		摘要	仕丁	借方	令和X年		摘要	仕丁	貸方
					8	1	現金	1	6,000,000

仕　　　入　　　6

令和X年		摘要	仕丁	借方	令和X年		摘要	仕丁	貸方
8	7	諸口	1	2,400,000					

売　　　上　　　7

令和X年		摘要	仕丁	借方	令和X年		摘要	仕丁	貸方
					8	10	諸口	1	1,800,000

1－5 試算表

1）試算表

仕訳帳から総勘定元帳への転記が正しく行われたかどうかを確かめるために作成する表を**試算表**（Trial Balance；T/B）といいます。仕訳帳から総勘定元帳への転記が正しい限り，試算表の借方合計金額と貸方合計金額は必ず一致します。

また，試算表からはその時々の企業の財政状態や経営成績を知ることができますので，企業の経営管理に活用できます。

2）試算表の種類と作成方法

試算表には，**合計試算表**，**残高試算表**および**合計残高試算表**があります。それぞれの試算表の作成方法は，次のとおりです。

① 合計試算表

合計試算表は，総勘定元帳の各勘定の借方合計金額と貸方合計金額を計上して作成します。合計試算表の借方合計金額と貸方合計金額は必ず一致します。

例題1 次の総勘定元帳の記入から，合計試算表を作成しなさい。

現　金　1

日付	摘要	金額	日付	摘要	金額
6/1	資本金	3,200,000	6/14	備品	1,400,000
12	売上	1,200,000	16	買掛金	1,000,000
28	売掛金	800,000	20	仕入	400,000
			25	給料	520,000

売掛金　2

日付	摘要	金額	日付	摘要	金額
6/23	売上	2,160,000	6/28	現金	800,000

備　品　3

日付	摘要	金額	日付	摘要	金額
6/14	現金	1,400,000			

買掛金　4

日付	摘要	金額	日付	摘要	金額
6/16	現金	1,000,000	6/7	仕入	1,800,000
			20	仕入	1,600,000

資本金　5

日付	摘要	金額	日付	摘要	金額
			6/1	現金	3,200,000

売　上　6

日付	摘要	金額	日付	摘要	金額
			6/12	現金	1,200,000
			23	売掛金	2,160,000

仕　入　7

6/7	買掛金	1,800,000	
20	現金	400,000	
20	買掛金	1,600,000	

給　料　8

6/25	現金	520,000	

合計試算表
令和X年6月30日

借方	元丁	勘定科目	貸方
	1	現金	
	2	売掛金	
	3	備品	
	4	買掛金	
	5	資本金	
	6	売上	
	7	仕入	
	8	給料	

解　答

合計試算表
令和X年6月30日

借方	元丁	勘定科目	貸方
5,200,000	1	現金	3,320,000
2,160,000	2	売掛金	800,000
1,400,000	3	備品	
1,000,000	4	買掛金	3,400,000
	5	資本金	3,200,000
	6	売上	3,360,000
3,800,000	7	仕入	
520,000	8	給料	
14,080,000			14,080,000

②　残高試算表

残高試算表は，総勘定元帳の各勘定の残高（借方合計金額と貸方合計金額の差額）を集めて作成します。したがって，残高試算表も借方合計金額と貸方合計金額は必ず一致します。

例題 2　上記の【**例題 1**】の合計試算表から，残高試算表を作成しなさい。

残　高　試　算　表
令和Ｘ年６月30日

借　　方	元丁	勘　定　科　目	貸　　方
	1	現　　　金	
	2	売　掛　金	
	3	備　　　品	
	4	買　掛　金	
	5	資　本　金	
	6	売　　　上	
	7	仕　　　入	
	8	給　　　料	

解　答

残　高　試　算　表
令和Ｘ年６月30日

借　　方	元丁	勘　定　科　目	貸　　方
1,880,000	1	現　　　金	
1,360,000	2	売　掛　金	
1,400,000	3	備　　　品	
	4	買　掛　金	2,400,000
	5	資　本　金	3,200,000
	6	売　　　上	3,360,000
3,800,000	7	仕　　　入	
520,000	8	給　　　料	
8,960,000			8,960,000

③　合計残高試算表

合計残高試算表は，合計試算表と残高試算表を１つにまとめたものです。

例題3　上記の【例題1】と【例題2】から，合計残高試算表を作成しなさい。

合　計　残　高　試　算　表

令和X年6月30日

借方		元丁	勘定科目	貸方	
残　高	合　計			合　計	残　高
		1	現　　金		
		2	売 掛 金		
		3	備　　品		
		4	買 掛 金		
		5	資 本 金		
		6	売　　上		
		7	仕　　入		
		8	給　　料		

解　答

合　計　残　高　試　算　表

令和X年6月30日

借方		元丁	勘定科目	貸方	
残　高	合　計			合　計	残　高
1,880,000	5,200,000	1	現　　金	3,320,000	
1,360,000	2,160,000	2	売 掛 金	800,000	
1,400,000	1,400,000	3	備　　品		
	1,000,000	4	買 掛 金	3,400,000	2,400,000
		5	資 本 金	3,200,000	3,200,000
		6	売　　上	3,360,000	3,360,000
3,800,000	3,800,000	7	仕　　入		
520,000	520,000	8	給　　料		
8,960,000	14,080,000			14,080,000	8,960,000

第２部　諸取引の仕訳

2－1　現金・預金取引

1）現　　金

簿記上で使用される現金は，通常使用される現金よりも範囲が広く，銀行などの金融機関に持っていくと，現金と引き換えてくれる「通貨代用証券」を含みます。これらは，「現金」として処理します。

• 簿記上，現金として取り扱われる主なもの
　① 通貨（紙幣・硬貨）
　② 他人振り出しの小切手 ⎫
　③ 郵便為替証書 ⎭ 「通貨代用証券」という

【仕訳のポイント】

◇現金を受け取ったら，その増加額を借方に仕訳し，現金を支払ったら，その減少額を貸方に仕訳する。

現金を受け取ったとき：(借) 現　　金　XXX　(貸) 売上など　XXX
現金を支払ったとき：(借) 仕入など　XXX　(貸) 現　　金　XXX

例　題　次の取引の仕訳を示しなさい（商品に関する勘定は3分法による）。

1．明石商店に商品￥50,000を売り渡し，代金は現金で受け取った。

借方科目	金　額	貸方科目	金　額

2．札幌商店から商品￥100,000を仕入れ，代金は現金で支払った。

借方科目	金　額	貸方科目	金　額

3．根室商店に商品￥800,000を売り渡し，代金は同店振り出しの小切手で受け取った。

借方科目	金　額	貸方科目	金　額

4．網走商店から手数料として，郵便為替証書￥300,000を受け取った。

借方科目	金　　額	貸方科目	金　　額

5．郵便切手￥2,000を購入し，代金は現金で支払った。

借方科目	金　　額	貸方科目	金　　額

6．今月分の家賃￥50,000を現金で支払った。

借方科目	金　　額	貸方科目	金　　額

7．従業員の給料￥200,000を現金で支払った。

借方科目	金　　額	貸方科目	金　　額

8．長野商店から商品￥200,000を仕入れ，代金のうち￥50,000は現金で支払い，残額は掛けとした。

借方科目	金　　額	貸方科目	金　　額

9．秋吉商店に商品￥500,000を売り渡し，代金￥300,000は同店振り出しの小切手で受け取り，残額は掛けとした。

借方科目	金　　額	貸方科目	金　　額

解　答

1．（借）	現　　金	50,000	（貸）	売　　上	50,000
2．（借）	仕　　入	100,000	（貸）	現　　金	100,000
3．（借）	現　　金	800,000	（貸）	売　　上	800,000
4．（借）	現　　金	300,000	（貸）	受取手数料	300,000
5．（借）	通 信 費	2,000	（貸）	現　　金	2,000
6．（借）	支払家賃	50,000	（貸）	現　　金	50,000
7．（借）	給　　料	200,000	（貸）	現　　金	200,000

8．（借）仕　　入　200,000　（貸）現　　金　50,000
　　　　　　　　　　　　　　　　　買 掛 金　150,000
9．（借）現　　金　300,000　（貸）売　　上　500,000
　　　　売 掛 金　200,000

問題　次の取引の仕訳を示しなさい（商品に関する勘定は3分法による）。

1．バス代として￥350を現金で支払った。
2．今月分の家賃￥80,000を現金で支払った。
3．葉書き￥1,000を購入し，代金は現金で支払った。
4．群馬商店から商品￥700,000を仕入れ，代金は現金で支払った。
5．宮城商店に商品￥650,000を売り渡し，代金は現金で受け取った。
6．福岡商店に商品￥480,000を売り渡し，代金は同店振り出しの小切手で受け取った。
7．従業員の給料￥180,000を現金で支払った。
8．佐賀商店から手数料として，郵便為替証書￥30,000を受け取った。
9．久留米商店に商品￥500,000を売り渡し，代金は同店振り出しの小切手で受け取った。
10．佐賀商店から商品￥400,000を仕入れ，代金のうち￥50,000は現金で支払い，残額は掛けとした。
11．小野田商店に商品￥100,000を売り渡し，代金￥80,000は同店振り出しの小切手で受け取り，残額は掛けとした。

	借方科目	金　額	貸方科目	金　額
1．				
2．				
3．				
4．				
5．				
6．				
7．				
8．				
9．				
10．				
11．				

解　答

1.	(借)	交通費	350	(貸)	現　金	350
2.	(借)	支払家賃	80,000	(貸)	現　金	80,000
3.	(借)	通信費	1,000	(貸)	現　金	1,000
4.	(借)	仕　入	700,000	(貸)	現　金	700,000
5.	(借)	現　金	650,000	(貸)	売　上	650,000
6.	(借)	現　金	480,000	(貸)	売　上	480,000
7.	(借)	給　料	180,000	(貸)	現　金	180,000
8.	(借)	現　金	30,000	(貸)	受取手数料	30,000
9.	(借)	現　金	500,000	(貸)	売　上	500,000
10.	(借)	仕　入	400,000	(貸)	現　金	50,000
					買掛金	350,000
11.	(借)	現　金	80,000	(貸)	売　上	100,000
		売掛金	20,000			

2）現金過不足

現金過不足とは，現金の帳簿上の残高と実際の有高が一致しないことをいいます。その過不足額を一致するために，一時的な勘定として「現金過不足」勘定を用います。また，その過不足の原因を調査し，判明した場合には該当する勘定科目に振り替えます。原因不明の場合は，「雑益」か「雑損」勘定で処理します。

- 現金不足額とは　帳簿上の残高　＞　実際の有高
- 現金過剰額とは　帳簿上の残高　＜　実際の有高

【仕訳のポイント】

◇現金不足額が判明したとき：	(借)	現金過不足	XXX	(貸)	現　金	XXX
原因が判明したとき：	(借)	交通費など	XXX	(貸)	現金過不足	XXX
原因が判明しないとき：	(借)	雑　損	XXX	(貸)	現金過不足	XXX
◇現金過剰額が判明したとき：	(借)	現　金	XXX	(貸)	現金過不足	XXX
原因が判明したとき：	(借)	現金過不足	XXX	(貸)	売掛金など	XXX
原因が判明しないとき：	(借)	現金過不足	XXX	(貸)	雑　益	XXX

例　題　次の取引の仕訳を示しなさい。

1．現金の帳簿上の残高は￥50,000であるが，実際有高は￥45,000であったので，帳簿残高を修正して原因を調べることにした。

借方科目	金　額	貸方科目	金　額

2．上記1の原因を調査したところ，不足額のうち￥2,000は通信費の記入もれであることが判明した。

借方科目	金　額	貸方科目	金　額

3．上記1の不足額のうち，残額は原因不明につき，雑損として処理した。

借方科目	金　額	貸方科目	金　額

4．現金の帳簿上の残高は￥100,000であるが，実際有高は￥108,000であったので，帳簿残高を修正して原因を調べることにした。

借方科目	金　額	貸方科目	金　額

5．上記4の原因を調査したところ，過剰額のうち￥2,000は手数料を受け取った際の記入もれであることが判明した。

借方科目	金　額	貸方科目	金　額

6．上記4の過剰額のうち，残額は原因不明につき，雑益として処理した。

借方科目	金　額	貸方科目	金　額

7．現金の実際有高が帳簿残高より￥30,000不足していたので，現金過不足勘定で処理しておいたが，その後原因を調べたところ，通信費の支払額￥10,000および手数料の受取額￥5,000が記入もれであることが判明した。なお，残高は原因不明のため雑損として処理することにした。

借方科目	金　額	貸方科目	金　額

解　答

1.	（借）	現金過不足	5,000	（貸）	現　　金	5,000
2.	（借）	通 信 費	2,000	（貸）	現金過不足	2,000
3.	（借）	雑　　損	3,000	（貸）	現金過不足	3,000
4.	（借）	現　　金	8,000	（貸）	現金過不足	8,000
5.	（借）	現金過不足	2,000	（貸）	受取手数料	2,000
6.	（借）	現金過不足	6,000	（貸）	雑　　益	6,000
7.	（借）	通 信 費	10,000	（貸）	受取手数料	5,000
		雑　　損	25,000		現金過不足	30,000

問　題　次の取引の仕訳を示しなさい。

1．現金の帳簿上の残高は￥30,000であるが，実際有高は￥27,000であったので，帳簿残高を修正して原因を調べることにした。

2．上記1の原因を調査したところ，不足額のうち￥2,000は交通費の記入もれであることが判明した。

3．上記1の不足額のうち，残額は原因不明につき，雑損として処理した。

4．現金の帳簿上の残高は￥50,000であるが，実際有高は￥65,000であったので，帳簿残高を修正して原因を調べることにした。

5．上記4の原因を調査したところ，過剰額のうち￥5,000は売掛金を回収した際の記入もれであることが判明した。

6．上記4の過剰額のうち，残額は原因不明につき，雑益として処理した。

7．現金の実際有高が帳簿残高より￥20,000不足していたので，現金過不足勘定で処理しておいたが，その後原因を調べたところ，交通費の支払額￥1,000および手数料の受取額￥9,000が記入もれであることが判明した。なお，残高は原因不明のため雑損として処理することにした。

	借方科目	金　額	貸方科目	金　額
1.				
2.				
3.				
4.				
5.				
6.				
7.				

解　答

1.(借)	現金過不足	3,000	(貸)	現　　金	3,000
2.(借)	交　通　費	2,000	(貸)	現金過不足	2,000
3.(借)	雑　　損	1,000	(貸)	現金過不足	1,000
4.(借)	現　　金	15,000	(貸)	現金過不足	15,000
5.(借)	現金過不足	5,000	(貸)	売　掛　金	5,000
6.(借)	現金過不足	10,000	(貸)	雑　　益	10,000
7.(借)	交　通　費	1,000	(貸)	現金過不足	20,000
	雑　　損	28,000		受取手数料	9,000

3）当座預金

当座預金は，銀行と当座取引契約を結んで開設する口座のことをいいます。当座預金の特徴は，無利息の預金で，預金の引き出しや代金の支払決済には**小切手**を用いることです。また，当座借越契約を結んでいれば，当座預金の残高がなくなっても，一定額までなら小切手を振出せます（商品代金の支払いなどを行う際に，小切手に支払金額などを記入して取引相手に渡すことを，**小切手を振り出す**といいます)。その後，取引相手はその小切手を銀行に呈示することで，自分の当座預金から支払金額が引き落とされることになります。

【仕訳のポイント】

◇当座預金の預け入れと引出し

当座預金に預け入れたとき：(借) 当座預金　XXX　(貸) 現　　金　XXX

小切手振り出しで当座預金を引出したとき：

(借) 現　　金　XXX　(貸) 当座預金　XXX

◇小切手の振出しと受取り

小切手振り出しによる商品代金の支払い：

(借) 仕　　入　XXX　(貸) 当座預金　XXX

商品代金として他人振り出しの小切手を受け取ったとき：

(借) 現　　金　XXX　(貸) 売　　上　XXX

商品代金として以前当店が振り出した小切手を受け取ったとき：

(借) 当座預金　XXX　(貸) 売　　上　XXX

例　題　次の取引の仕訳を示しなさい（商品に関する勘定は３分法による）。

1．渡辺商店は，取引銀行と当座取引契約を結び，現金¥1,000,000を当座預金に預け入れた。

借方科目	金　額	貸方科目	金　額

2．江頭商店は，小切手を振り出して現金¥200,000を引き出した。

借方科目	金　額	貸方科目	金　額

3．山北商店から商品¥300,000を仕入れ，同額の小切手を振り出して渡した。

借方科目	金　額	貸方科目	金　額

4．石渡商店に対する売掛金¥500,000を同店振り出しの小切手で受け取り，ただちに当座預金に預け入れた。

借方科目	金　額	貸方科目	金　額

5．野村商店に対する売掛金¥300,000を同店振り出しの小切手で受け取った。

借方科目	金　額	貸方科目	金　額

6．加藤商店に対する売掛金¥400,000を当店振り出しの小切手で受け取った。

借方科目	金　額	貸方科目	金　額

解　答

1．(借)　当座預金　1,000,000　(貸)　現　　金　1,000,000
2．(借)　現　　金　200,000　(貸)　当座預金　200,000
3．(借)　仕　　入　300,000　(貸)　当座預金　300,000
4．(借)　当座預金　500,000　(貸)　売 掛 金　500,000
5．(借)　現　　金　300,000　(貸)　売 掛 金　300,000
6．(借)　当座預金　400,000　(貸)　売 掛 金　400,000

問　題　次の取引の仕訳を示しなさい（商品に関する勘定は3分法による）。

1．熊本商店は，取引銀行と当座取引契約を結び，手許現金￥500,000を当座預金に預け入れた。
2．埼玉商店は，小切手を振り出して現金￥50,000を引き出した。
3．鹿児島商店から商品￥40,000を仕入れ，同額の小切手を振り出して渡した。
4．沖縄商店に対する売掛金￥20,000を同店振り出しの小切手で受け取り，ただちに当座預金に預け入れた。
5．長崎商店に対する売掛金￥100,000を同店振り出しの小切手で受け取った。
6．九州商店に対する売掛金￥250,000を当店振り出しの小切手で受け取った。

	借方科目	金　額	貸方科目	金　額
1．				
2．				
3．				
4．				
5．				
6．				

解　答

	借方科目	金額		貸方科目	金額
1．（借）	当座預金	500,000	（貸）	現金	500,000
2．（借）	現金	50,000	（貸）	当座預金	50,000
3．（借）	仕入	40,000	（貸）	当座預金	40,000
4．（借）	当座預金	20,000	（貸）	売掛金	20,000
5．（借）	現金	100,000	（貸）	売掛金	100,000
6．（借）	当座預金	250,000	（貸）	売掛金	250,000

4）現金出納帳・当座預金出納帳

現金出納帳とは，現金の収入と支出に関する明細を取引順に記録した**補助記入帳**です。その日の現金の有高を求めることができ，総勘定元帳の現金勘定と照合することにより，記帳もれが防げます。

当座預金出納帳とは，当座預金の収入と支出に関する明細を取引順に記録した**補助記入帳**です。総勘定元帳の当座預金勘定と照合することにより，記帳もれが防げます。当座預金出納帳の「借／貸」欄の借方残高は，当座預金残高を示し，貸方残高は当座預金残高のマイナスを示します。

現　金　出　納　帳

日	付	摘　　要	収　入	支　出	残　高
5	1	前月繰越	50,000		50,000
	〃	仕入　若林商店よりＡ商品を仕入れ		10,000	40,000
	8	消耗品費　林文具店より鉛筆を購入		2,000	38,000
	〃	売上　森商店へＢ商品を販売	20,000		58,000
	31	**次月繰越**		**58,000**	
			70,000	70,000	
6	1	前月繰越	58,000		58,000

【現金出納帳記入のポイント】

1．取引のあった日付を記入
2．相手科目名・相手商品名・簡単な内容を摘要欄に記入
3．現金を入金 → 収入欄，現金を支出 → 支出欄
4．残高欄にその日の現金残高を記入

当　座　預　金　出　納　帳

日	付	摘　　要	預　入	引　出	借／貸	残　高
6	1	前月繰越	90,000		借	90,000
	4	仕入　伊藤商店より仕入れ		10,000	〃	80,000
	9	売掛金　港商店より回収	20,000		〃	100,000
		売上　相川商店へＣ商品を販売	32,000		〃	132,000
	30	**次月繰越**		**132,000**		
			142,000	142,000		
7	1	前月繰越	132,000		借	132,000

【当座預金出納帳記入のポイント】

1．取引のあった日付を記入
2．相手科目名・相手商品名・小切手番号・簡単な内容を摘要欄に記入
3．当座預金を入金 → 預入欄，当座預金を出金 → 引出欄
4．「借／貸」欄の借方残高は，当座預金の残高を示し，貸方残高は，当座預金残高のマイナス，つまり当座借越（銀行からの借入金：負債）を示す

5）その他の預金

その他の預金として，普通預金や定期預金があります。普通預金とは，預け入れや引き出しが，ATMを利用してカードなどで自由に行うことができる預金です。定期預金とは，預け入れや引き出しが，一定期間固定された預金で，普通預金に比べて利率が高いものをいいます。

【普通預金や定期預金の仕訳】

普通預金に現金を預け入れたとき：（借）普通預金　XXX　（貸）現　金　XXX
普通預金から現金を引き出したとき：（借）現　金　XXX　（貸）普通預金　XXX
普通預金から定期預金への預け替え：（借）定期預金　XXX　（貸）普通預金　XXX

例題

月末になり，当座預金から普通預金に￥100,000の預け替えをおこなった。仕訳を示しなさい。

借方科目	金　額	貸方科目	金　額

解答

（借）普通預金　100,000　（貸）当座預金　100,000

例題

1．取引銀行のインターネットバンキングサービスから普通預金口座の入出金明細を入手したところ次のとおりであった。各取引日において必要な仕訳を示しなさい。

入出金明細

日付	内容	出金金額	入金金額	取引残高
6.15	ATM入金		500,000	省略
6.18	給与振込	480,000		
6.18	振込手数料	500		

6/15

借方科目	金　額	貸方科目	金　額

6/18

借方科目	金　　額	貸方科目	金　　額

2．取引銀行のインターネットバンキングサービスから普通預金口座のWEB通帳（入出金明細）を参照したところ，次のとおりであった。そこで，各取引日において必要な仕訳を示しなさい。なお，㈱太田食品および平木㈱はそれぞれ当社の商品の取引先であり，商品売買取引はすべて掛けとしている。

入出金明細

日付	内容	出金金額	入金金額	取引残高
6.15	ATM入金		950,000	省略
6.17	給与振込	400,000		
6.17	振込手数料	1,000		
6.20	振込　カ）オオタショクヒン	200,000		
6.21	振込　ヒラキ（カ		130,500	

6月17日の給与振込額は，所得税の源泉徴収額￥40,000を差し引いた額である。
6月21日の入金は，当店負担の振込手数料￥500が差し引かれたものである。

6/15

借方科目	金　　額	貸方科目	金　　額

6/17

借方科目	金　　額	貸方科目	金　　額

6/20

借方科目	金　　額	貸方科目	金　　額

6/21

借方科目	金　額	貸方科目	金　額

解　答

1．6/15	(借)	普通預金	500,000	(貸)	現　金	500,000
6/18	(借)	給　料	480,000	(貸)	普通預金	480,500
		支払手数料	500			
2．6/15	(借)	普通預金	950,000	(貸)	現　金	950,000
6/17	(借)	給　料	440,000	(貸)	普通預金	401,000
		支払手数料	1,000		所得税預り金	40,000
6/20	(借)	買掛金	200,000	(貸)	普通預金	200,000
6/21	(借)	普通預金	130,500	(貸)	売掛金	131,000
		支払手数料	500			

6）小口現金

会計係は，日常発生する少額の現金の支出に関しては，用度係を設けて，あらかじめ一定の現金を渡しておくことが多いです。この少額の支払いのために用意された現金を**小口現金**といい，これを定額資金前渡法（インプレスト・システム）といいます。

例　題　次の取引の仕訳を示しなさい（商品に関する勘定は3分法による）。

8/1　定額資金前渡法を採用している宮田商店の会計係は，小切手￥100,000を振り出して用度係に現金を渡した。

借方科目	金　額	貸方科目	金　額

8/4　週末になり，会計係は用度係から次の支払いの報告を受けた。

通信費　￥20,000　　交通費　￥15,000　　消耗品費　￥8,000　　雑費　￥1,000

借方科目	金　額	貸方科目	金　額

※8/4　週末に会計係は用度係から次の支払い報告を受けるとともに，ただちに小切手を振り出して資金の補給をおこなった。

借方科目	金　額	貸方科目	金　額

8/7　会計係は，資金の補給を小切手を振り出しておこなった。

借方科目	金　額	貸方科目	金　額

解　答

8/1	（借）	小口現金	100,000	（貸）	当座預金	100,000
4	（借）	通信費	20,000	（貸）	小口現金	44,000
		交通費	15,000			
		消耗品費	8,000			
		雑費	1,000			
※8/4	（借）	通信費	20,000	（貸）	当座預金	44,000
		交通費	15,000			
		消耗品費	8,000			
		雑費	1,000			
7	（借）	小口現金	44,000	（貸）	当座預金	44,000

7）小口現金出納帳 ★

小口現金出納帳とは，小口現金の受け入れや支払いの明細を記録するための帳簿です。

【記帳のポイント】

資金の補給は，週末に行うケースと週初めに行うケースがあり，補給時の記帳方法が異なります。いずれも，小口現金を支出した時は，日付とともに，摘要欄にその支出内容を記載し，支出額を支出欄と内訳欄の該当科目の箇所にも記帳していきます。

例　題　次の資料の取引を小口現金出納帳に記入して締め切りなさい。なお，この商店は定額資金前渡法（インプレスト・システム）により，毎週金曜日の終業時にその週の支払いを報告し，資金の補給を受けている。

＜資料＞　7/24　タクシー代　¥1,060
　　　　　25　携帯電話代　¥6,400
　　　　　26　お茶代　¥2,400
　　　　　27　コピー用紙代　¥3,900
　　　　　28　切手・はがき代　¥1,000

小　口　現　金　出　納　帳

受入	令和X年		摘要	支払	内訳				残高
					通信費	交通費	消耗品費	雑費	
20,000	7	24	前週繰越						20,000
			合　計						
		28	本日補給						
		〃	次週繰越						
	7	30	前週繰越						

解　答

小口現金出納帳

受入	令和X年		摘要	支払	内訳				残高
					通信費	交通費	消耗品費	雑費	
20,000	7	24	前週繰越						20,000
		〃	タクシー代	1,060		1,060			18,940
		25	携帯電話代	6,400	6,400				12,540
		26	お茶代	2,400				2,400	10,140
		27	コピー用紙代	3,900			3,900		6,240
		28	切手・はがき代	1,000	1,000				5,240
			合　　計	14,760	7,400	1,060	3,900	2,400	
14,760		28	本日補給						
		〃	次週繰越	20,000					20,000
34,760				34,760					
20,000	7	30	前週繰越						20,000

参考：〔別解〕週末には補給せず，週初めに補給を行うケースの記帳方法は，次のようになります。

小口現金出納帳

受入	令和X年		摘要	支払	内訳				残高
					通信費	交通費	消耗品費	雑費	
5,000	7	24	前週繰越						5,000
15,000		〃	本日補給						20,000
		〃	タクシー代	1,060		1,060			18,940
		25	携帯電話代	6,400	6,400				12,540
		26	お茶代	2,400				2,400	10,140
		27	コピー用紙代	3,900			3,900		6,240
		28	切手・はがき代	1,000	1,000				5,240
			合　　計	14,760	7,400	1,060	3,900	2,400	
		28	次週繰越	5,240					
20,000				20,000					
5,240	7	30	前週繰越						5,240
14,760		〃	本日補給						20,000

2－2　商品売買取引

1）仕　入

商品を仕入れた場合には，**「仕入」勘定（費用）**で処理します。商品を仕入れる際には，引取運賃，関税，仲介手数料等の**仕入付随費用（仕入諸掛り）**を負担することがあります。このような場合，この仕入付随費用を負担しなければ当該商品を仕入れることはできないので，**商品の仕入価格に仕入付随費用を含めた金額で処理**していきます。

【仕訳のポイント（キーワード：仕入付随費用）**】**

◇商品を仕入れたとき（商品代金は後で支払う）：

（借）仕　　入　XXX　（貸）買 掛 金　XXX

◇仕入付随費用を現金で支払って商品を仕入れたとき（商品代金は後で支払う）：

（借）仕　　入　XXX　（貸）買 掛 金　XXX
　　　　　　　　　　　　　　現　　金　XXX

⇒引取運賃などの仕入付随費用があるときは，「仕入」の金額に加えて処理する。

◇掛けで仕入れた商品の返品をしたとき：

（借）買 掛 金　XXX　（貸）仕　　入　XXX

⇒商品を仕入れたときの反対仕訳をすることで，打ち消しが行われる。

例　題　次の取引の仕訳を示しなさい（商品に関する勘定は3分法による）。

1．山形商店から商品￥250,000を仕入れ，代金は掛けとした。

借方科目	金　額	貸方科目	金　額

2．青森商店から商品￥200,000を仕入れ，代金は掛けとした。なお，引取運賃￥3,000は現金で支払った。

借方科目	金　額	貸方科目	金　額

3．上記青森商店から仕入れた商品のうち，￥20,000は品違いのため返品した。

借方科目	金　額	貸方科目	金　額

解　答

1．（借）仕　　入　250,000　（貸）買 掛 金　250,000
2．（借）仕　　入　203,000　（貸）買 掛 金　200,000
　　　　　　　　　　　　　　　　　現　　金　3,000
3．（借）買 掛 金　20,000　（貸）仕　　入　20,000

問　題　次の取引の仕訳を示しなさい（商品に関する勘定は３分法による）。

1．仙台商店から商品￥200,000を仕入れ，代金は掛けとした。
2．米沢商店から商品￥180,000を仕入れ，代金は掛けとした。なお，引取運賃￥3,000は，現金で支払った。
3．米沢商店から仕入れた上記商品のうち，￥15,000は品違いのため返品した。
4．郡山商店から商品￥450,000を仕入れ，￥200,000は現金で支払い，残額は掛けとした。

	借方科目	金　額	貸方科目	金　額
1．				
2．				
3．				
4．				

解　答

1．（借）仕　　入　200,000　（貸）買 掛 金　200,000
2．（借）仕　　入　183,000　（貸）買 掛 金　180,000
　　　　　　　　　　　　　　　　　現　　金　3,000
3．（借）買 掛 金　15,000　（貸）仕　　入　15,000
4．（借）仕　　入　450,000　（貸）現　　金　200,000
　　　　　　　　　　　　　　　　　買 掛 金　250,000

2）売　上

商品を売り上げた場合は，**「売上」勘定（収益）**で処理します。商品を売り上げた際に支払った発送費は，**売主負担か買主負担か**で会計処理が異なってきます。また，買主負担の場合には，**「売掛金」に含めて処理**する方法と，**「立替金」として処理**する方法があります。

【仕訳のポイント（キーワード：発送費売主負担，発送費買主負担）**】**

◇商品を売り上げたとき（商品代金は後で受け取る）：

（借）売 掛 金　XXX　（貸）売　　上　XXX

◇発送費を現金で支払って商品を売り上げたとき（発送費は，売主（当店）負担）：

（借）売 掛 金　XXX　（貸）売　　上　XXX
　　　発 送 費　XXX　（貸）現　　金　XXX

⇒売主負担の発送費があるときは，「発送費」勘定を設けて別に処理する。

◇発送費を現金で支払って，商品を掛けで売り上げたとき（発送費は，買主（先方）負担）：

（借）売 掛 金　XXX　（貸）売　　上　XXX
　　　　　　　　　　　（貸）現　　金　XXX

⇒買主負担の発送費があるときは，後で回収する売掛金にその金額を加えて処理するか，または立替金勘定で処理する。

（借）売 掛 金　XXX　（貸）売　　上　XXX
（借）立 替 金　XXX　（貸）現　　金　XXX

例　題　次の取引の仕訳を示しなさい（商品に関する勘定は３分法による）。

1．長崎商店へ商品￥480,000を売り渡し，代金は掛けとした。

借方科目	金　額	貸方科目	金　額

2．長崎商店へ売り渡した商品のうち，￥20,000が品違いのため返品された。

借方科目	金　額	貸方科目	金　額

3．佐賀商店へ商品￥500,000を売り渡し，代金のうち￥300,000は同店振り出しの小切手で受け取り，残額は掛けとした。なお，発送費￥10,000は現金で支払った。

借方科目	金　額	貸方科目	金　額

4．大分商店へ商品￥300,000を売り渡し，代金は掛けとした。なお，先方負担である発送費￥10,000を現金で支払った。ただし，この発送費は売掛金に含めて回収することとした。

借方科目	金　額	貸方科目	金　額

解　答

1．(借)	売掛金	480,000	(貸)	売上	480,000
2．(借)	売上	20,000	(貸)	売掛金	20,000
3．(借)	現金	300,000	(貸)	売上	500,000
	売掛金	200,000			
	発送費	10,000		現金	10,000
4．(借)	売掛金	310,000	(貸)	売上	300,000
				現金	10,000

問　題　次の取引の仕訳を示しなさい（商品に関する勘定は3分法による）。

1．福岡商店へ商品￥580,000を売り渡し，代金は掛けとした。
2．福岡商店へ売り上げた上記商品のうち，￥50,000が品違いのため返品された。
3．熊本商店へ商品￥550,000を売り渡し，代金のうち￥250,000は同店振り出しの小切手で受け取り，残額は掛けとした。なお，発送費￥8,000は現金で支払った。
4．宮崎商店へ商品￥350,000を売り渡し，代金は掛けとした。なお，先方負担である発送費￥5,000を現金で支払った。この発送費は，売掛金に含めて回収することとした。

	借方科目	金　額	貸方科目	金　額
1．				
2．				
3．				
4．				

解　答

		借方科目	金額		貸方科目	金額
1．	（借）	売掛金	580,000	（貸）	売上	580,000
2．	（借）	売上	50,000	（貸）	売掛金	50,000
3．	（借）	現金	250,000	（貸）	売上	550,000
		売掛金	300,000			
		発送費	8,000		現金	8,000
4．	（借）	売掛金	355,000	（貸）	売上	350,000
					現金	5,000

3）商品有高帳

商品有高帳とは，商品の**受け入れ**，**払い出し**および残高の明細を記録する帳簿で，在庫の管理に有用となる補助簿です。商品ごとにこの帳簿を作成し，受け入れ，払い出し，残高をそれぞれ原価で記入していきます。同じ商品でも，仕入れの時期や数量で単価が異なることがあるため，売上時に払い出した単価は，主に**先入先出法**と**移動平均法**を用いて決定していきます。

先入先出法とは，**先に受け入れた商品から先に払い出すとみなして払出単価を決定**する方法です。

移動平均法とは，**異なる単価の商品を仕入れるつど，在庫の商品の平均単価を計算し，その金額を払出単価とする**方法です。

【記帳のポイント（キーワード：払出単価，先入先出法，移動平均法）**】**

先入先出法では，前日残高の単価と異なる単価の商品を仕入れた場合，その単価ごとに，残高欄にカッコ｛をつけて記帳する。そして，払出時にも単価が異なる場合には，先に仕入れた単価の商品を先に出すというように，払出欄にカッコ｛をつけて記帳します。

移動平均法では，前日残高の単価と異なる単価の商品を仕入れた場合，その日の残高欄には，前日までの商品残高とその日の仕入高の単価を平均して記帳していきます。

例　題　次の群馬商事における，７月中のＡ商品の受入・払出は次のとおりであった。よって，先入先出法および移動平均法により商品有高帳に記入し，締め切りなさい。また，それぞれの場合の売上高，売上原価，売上総利益を求めなさい。

7/1	前月繰越	30個	@¥600
5	高崎商店から仕入れ	50個	@¥800
12	前橋商店へ売り上げ	45個	@¥1,600
15	高崎商店から仕入れ	70個	@¥1,100
21	水上商店へ売り上げ	60個	@¥1,500
28	富岡商店へ売り上げ	10個	@¥1,600

商　品　有　高　帳

（先入先出法）　　　　　　　　　　　Ａ商品

日付		摘　要	受　入			払　出			残　高		
			数量	単価	金　額	数量	単価	金　額	数量	単価	金　額

売上高＿＿＿＿＿＿＿＿　売上原価＿＿＿＿＿＿＿＿　売上総利益＿＿＿＿＿＿＿＿

商 品 有 高 帳

(移動平均法)　　A商品

日付		摘要	受入			払出			残高		
			数量	単価	金額	数量	単価	金額	数量	単価	金額

売上高　　売上原価　　売上総利益

解　答

商 品 有 高 帳

(先入先出法)　　A商品

日付		摘要	受入			払出			残高		
			数量	単価	金額	数量	単価	金額	数量	単価	金額
7	1	前月繰越	30	600	18,000				30	600	18,000
	5	仕　入	50	800	40,000				30	600	18,000
									50	800	40,000
	12	売　上				30	600	18,000			
						15	800	12,000	35	800	28,000
	15	仕　入	70	1,100	77,000				35	800	28,000
									70	1,100	77,000
	21	売　上				35	800	28,000			
						25	1,100	27,500	45	1,100	49,500
	28	売　上				10	1,100	11,000	35	1,100	38,500
	31	**次月繰越**				**35**	**1,100**	**38,500**			
			150		135,000	150		135,000			
8	1	前月繰越	35	1,100	38,500				35	1,100	38,500

売上高　¥178,000　　売上原価　¥96,500　　売上総利益　¥81,500

商品有高帳

（移動平均法）　　　　　　　　　　　　A商品

日付		摘要	受入			払出			残高		
			数量	単価	金額	数量	単価	金額	数量	単価	金額
7	1	前月繰越	30	600	18,000				30	600	18,000
	5	仕入	50	800	40,000				80	725	58,000
	12	売上				45	725	32,625	35	725	25,375
	15	仕入	70	1,100	77,000				105	975	102,375
	21	売上				60	975	58,500	45	975	43,875
	28	売上				10	975	9,750	35	975	34,125
	31	**次月繰越**				**35**	**975**	**34,125**			
			150		135,000	150		135,000			
8	1	前月繰越	35	975	34,125				35	975	34,125

売上高　¥178,000　　　売上原価　¥100,875　　　売上総利益　¥77,125

解説

（先入先出法）

7/12の払出欄の記入は，先に仕入れた商品である@¥600の商品を先に払い出す（30個）。残り（15個）は，@¥800の商品から払い出すことになる。よって，残高は@¥800の商品が35個となる。

売上高：(@¥1,600×45個)＋(@¥1,500×60個)＋(@¥1,600×10個)＝¥178,000

売上原価：払出欄の合計金額　¥18,000＋¥12,000＋¥28,000＋¥27,500＋¥11,000＝¥96,500

売上総利益：売上高－売上原価　¥178,000－¥96,500＝¥81,500

（移動平均法）

7/5の残高欄では，仕入商品の金額と前日までの残高金額から，平均単価を計算する。

(¥18,000＋¥40,000)÷(30個＋50個)＝@¥725

7/15の残高欄では，仕入商品の金額と前日までの残高金額から，平均単価を計算する。

(¥25,375＋¥77,000)÷(35個＋70個)＝@¥975

売上高：先入先出法と同じ　¥178,000

売上原価：払出欄の合計金額　¥32,625＋¥58,500＋¥9,750＝¥100,875

売上総利益：売上高－売上原価　¥178,000－¥100,875＝¥77,125

2－3　掛取引

1）売掛金・買掛金と売掛金元帳・買掛金元帳 ★

商品の売り上げ，仕入れの際に代金を後払い（掛け）とした場合，それぞれ，**「売掛金」勘定（資産）**，**「買掛金」勘定（負債）**で処理します。そして，後日その**代金を回収**したり，**支払った**場合には，それぞれ売掛金，買掛金を減少させる処理をします。通常，決済用には，当座預金が使われることが多いです。

取引先が複数ある場合には，それぞれの商店ごとに，掛代金の明細を記録しておくと財産管理の面で有用です。その際に使用する補助簿を，**売掛金元帳（得意先元帳）**，**買掛金元帳（仕入先元帳）**といいます。

【仕訳のポイント】

◇売掛金を回収したとき（当座預金に入金）：

（借）当座預金　XXX　（貸）売掛金　XXX

◇買掛金を支払ったとき（小切手振り出し）：

（借）買掛金　XXX　（貸）当座預金　XXX

【記帳のポイント】

売掛金元帳（得意先元帳），買掛金元帳（仕入先元帳）は，主要簿である総勘定元帳の売掛金勘定，買掛金勘定の明細を示す補助簿ということになります。総勘定元帳は，主要簿のため，摘要欄には相手科目を記載することになりますが，この補助簿では，記載内容が特に定められていません。日常の管理簿として，分かりやすく記載することが大切です。

また，残高欄の直前にある借／貸は，その日の残高が借方，貸方どちらの方向にあるかを示しています。

例　題　次の取引の仕訳を示し，売掛金勘定・買掛金勘定に転記するとともに，売掛金元帳・買掛金元帳の記入を行い，締め切りなさい（商品に関する勘定は3分法による）。

7/2　栃木商店より商品￥200,000を仕入れ，代金は掛けとした。なお，引取運賃￥2,000は現金で支払った。

借方科目	金　額	貸方科目	金　額

7/5　栃木商店より仕入れた商品に品違いがあったため，商品￥10,000を返品した。

借方科目	金　額	貸方科目	金　額

7/9　那須商店に商品￥500,000を売り渡し，代金は掛けとした。なお，当店負担の発送費￥5,000は小切手を振り出して支払った。

借方科目	金　額	貸方科目	金　額

7/15　那須商店より売掛金の一部￥350,000を同店振り出しの小切手で受け取った。

借方科目	金　額	貸方科目	金　額

7/25　栃木商店へ買掛金の一部￥150,000を小切手を振り出して支払った。

借方科目	金　額	貸方科目	金　額

売　掛　金

借方	貸方
7/ 1　前期繰越　200,000	

買　掛　金

借方	貸方
	7/ 1　前期繰越　150,000

売掛金元帳
那須商店

日付		摘要	借方	貸方	借/貸	残高
7	1	前月繰越	200,000		借	200,000

買掛金元帳
栃木商店

日付		摘要	借方	貸方	借/貸	残高
7	1	前月繰越		150,000	貸	150,000

解　答

7/2	(借)	仕入	202,000	(貸)	買掛金	200,000
					現金	2,000
5	(借)	買掛金	10,000	(貸)	仕入	10,000
9	(借)	売掛金	500,000	(貸)	売上	500,000
		発送費	5,000		当座預金	5,000
15	(借)	現金	350,000	(貸)	売掛金	350,000
25	(借)	買掛金	150,000	(貸)	当座預金	150,000

売　掛　金

7/1	前期繰越	200,000	7/15	現金	350,000
9	売上	500,000			

買　掛　金

7/5	仕入	10,000	7/1	前期繰越	150,000
25	当座預金	150,000	2	仕入	200,000

売掛金元帳
那須商店

日付		摘要	借方	貸方	借/貸	残高
7	1	前月繰越	200,000		借	200,000
	9	売り上げ	500,000		〃	700,000
	15	回収		350,000	〃	350,000
	31	**次月繰越**		**350,000**		
			700,000	700,000		

買掛金元帳
栃木商店

日付		摘要	借方	貸方	借/貸	残高
7	1	前月繰越		150,000	貸	150,000
	2	仕入れ		200,000	〃	350,000
	5	返品	10,000		〃	340,000
	25	支払い	150,000		〃	190,000
	31	**次月繰越**	**190,000**			
			350,000	350,000		

問　題　次の取引の仕訳を示しなさい（商品に関する勘定は３分法による）。

1．広島商店より商品￥380,000を仕入れ，代金は掛けとした。なお，引取運賃￥3,000は現金で支払った。
2．山口商店に商品￥600,000を売り渡し，代金は掛けとした。なお，当店負担の発送費￥4,000は小切手を振り出して支払った。
3．島根商店へ買掛金の一部￥350,000を小切手を振り出して支払った。
4．鳥取商店より売掛金の一部￥700,000を同店振り出しの小切手で受け取った。

	借方科目	金　額	貸方科目	金　額
1．				
2．				
3．				
4．				

解　答

		借方科目	金額		貸方科目	金額
1．	（借）	仕　　入	383,000	（貸）	買 掛 金	380,000
					現　　金	3,000
2．	（借）	売 掛 金	600,000	（貸）	売　　上	600,000
		発 送 費	4,000		当座預金	4,000
3．	（借）	買 掛 金	350,000	（貸）	当座預金	350,000
4．	（借）	現　　金	700,000	（貸）	売 掛 金	700,000

2）クレジット売掛金 ★

クレジット売掛金は，代金支払いを顧客に代わってクレジットカード会社（信販会社）が代金の決済を引き受けます。よって，債権の相手がクレジットカード会社（信販会社）となるので，通常の売掛金と区別して，**「クレジット売掛金」勘定（資産）**を用いて処理します。ただし，クレジットカード会社（信販会社）は，数パーセントの手数料を差し引いて決済を行うことになるので，販売時に**「支払手数料」勘定（費用）**を計上します。

【仕訳のポイント】

◇クレジットカード払いで商品を販売したとき：

(借)	クレジット売掛金	XXX	(貸)	売　　上	XXX
	支払手数料	XXX			

例　題　次の取引の仕訳を示しなさい（商品に関する勘定は3分法による）。

1．商品¥300,000をクレジット払いの条件で販売した。信販会社への手数料5％は，販売時に認識する。

2．商品¥100,000を販売し，代金のうち¥20,000は現金で受け取り，残額はクレジットカード利用による決済であった。クレジットカードの利用は，利用額の3％の手数料を支払うことになっており，この手数料も販売時に費用処理する。

	借方科目	金　額	貸方科目	金　額
1．				
2．				

解　答

1．	(借)	クレジット売掛金	285,000	(貸)	売　　上	300,000
		支払手数料	15,000			
2．	(借)	現　　金	20,000	(貸)	売　　上	100,000
		クレジット売掛金	77,600			
		支払手数料	2,400			

2－4 手形取引

1）手　形

手形の**作成者（振出人）**が，**名宛人（受取人）**に対して，一定の期日に，手形金額の支払いを約束した証券を**約束手形**といいます。商品代金の決済に使用される手形には約束手形と為替手形があり，各手形には必要事項（支払約束の文句，金額，支払期日，支払地など）が記入され，署名または記名，押印されて相手に渡されます。

支払期日には，振出人の当座預金から手形代金が支払われ，受取人の当座預金に入金されたりして，手形の債権・債務が消滅します。これを**手形の決済**といいます。

- 振出人（支払人）……手形に必要事項を記入し，取引相手に対して手形を渡す当事者。手形の作成者であり，手形金額の債務を負う者をいいます。
- 名宛人（受取人）……取引相手から，必要事項が記入された手形を受け取る者であり，手形金額の債権を有する者をいいます。

【仕訳のポイント】（キーワード：手形振り出し，手形受け取り，手形決済）】

◇手形を受け取ったとき（商品を売り上げた場合）：

（借）受取手形　XXX　（貸）売　上　XXX

◇手形が決済されたとき（当座預金に入金された場合）：

（借）当座預金　XXX　（貸）受取手形　XXX

⇒受取人は，手形の受け取りにより手形債権が発生するので，手形金額を「受取手形」勘定（資産）で処理し，その後，手形金額の入金により，手形債権が消滅することになる。

◇手形を振り出したとき（商品を仕入れた場合）：

（借）仕　入　XXX　（貸）支払手形　XXX

◇手形が決済されたとき（当座預金から支払った場合）：

（借）支払手形　XXX　（貸）当座預金　XXX

⇒振出人（支払人）は，手形の振り出しにより，手形債務が発生するので，手形金額を「支払手形」勘定（負債）で処理し，その後，手形金額の支払いにより，手形債務が消滅する。

例　題　次の取引の仕訳を示しなさい（商品に関する勘定は3分法による）。

1．大阪商店より商品￥250,000を仕入れ，代金は同店あての約束手形を振り出して支払った。

借方科目	金　額	貸方科目	金　額

2．京都商店に対する売掛金￥300,000を，同店振り出し，当店あての約束手形で受け取った。

借方科目	金　額	貸方科目	金　額

3．さきに大阪商店あてに振り出した約束手形￥250,000が本日満期となり，当店の当座預金から支払った旨の連絡を受けた。

借方科目	金　額	貸方科目	金　額

4．かねて取引銀行に取り立てを依頼していた京都商店振り出し，当店受け取りの約束手形￥300,000が本日満期につき，当座預金に入金した旨の連絡を受けた。

借方科目	金　額	貸方科目	金　額

解　答

1．（借）	仕　　入	250,000	（貸）	支払手形	250,000
2．（借）	受取手形	300,000	（貸）	売　掛　金	300,000
3．（借）	支払手形	250,000	（貸）	当座預金	250,000
4．（借）	当座預金	300,000	（貸）	受取手形	300,000

問　題　次の取引の仕訳を示しなさい（商品に関する勘定は3分法による）。

1．神戸商店より商品￥400,000を仕入れ，代金は同店あての約束手形を振り出して支払った。
2．姫路商店に対する売掛金￥800,000を，同店振り出し，当店あての約束手形で受け取った。
3．さきに，神戸商店あてに振り出した約束手形￥400,000が本日満期となり，当店の当座預金から支払った旨の連絡を受けた。
4．かねて取引銀行に取り立てを依頼していた姫路商店振り出し，当店受け取りの約束手形￥800,000が，本日満期につき当座預金に入金されたとの連絡を受けた。
5．奈良商店より商品￥750,000を仕入れ，代金は同店あての約束手形￥500,000を振り出して支払い，残額は掛けとした。

6．関西商店に商品￥900,000を売り上げ，同店振り出し，当店あての約束手形￥200,000を受け取り，残額は同店振り出しの小切手で受け取った。

	借方科目	金　額	貸方科目	金　額
1．				
2．				
3．				
4．				
5．				
6．				

解　答

1．（借）	仕　　入	400,000	（貸）	支払手形	400,000
2．（借）	受取手形	800,000	（貸）	売 掛 金	800,000
3．（借）	支払手形	400,000	（貸）	当座預金	400,000
4．（借）	当座預金	800,000	（貸）	受取手形	800,000
5．（借）	仕　　入	750,000	（貸）	支払手形	500,000
				買 掛 金	250,000
6．（借）	受取手形	200,000	（貸）	売　　上	900,000
	現　　金	700,000			

2）電子記録債権・電子記録債務

電子記録債権・債務とは，電子記録による債権・債務で，掛けや手形取引と同様に扱われる債権・債務です。収入印紙（印紙税）が不要なほか，盗難や紛失のリスクが無く，債権を分割することができるなどのメリットがあります。

X商店がY商店に対する売掛金を，**電子記録債権（資産）**として記録するよう電子記録債権機関に依頼することを**発生記録の請求（登録）**といい，その**発生記録**をY**商店に通知**した段階で，Y商店は**電子記録債務（負債）**を認識することになります。

【仕訳のポイント（キーワード：発生記録の請求（登録），発生記録の通知）】

◇売掛金を電子記録として請求（登録）したとき：

（借）電子記録債権　XXX　（貸）売　掛　金　XXX

◇買掛金を電子記録としたことを通知されたとき：

（借）買　掛　金　XXX　（貸）電子記録債務　XXX

例　題　次の取引の仕訳を示しなさい。

1．川崎商店は，横浜商店に対する売掛金¥400,000について，同店の承諾を受け，電子記録機関における債権の発生記録の請求を行った。また，横浜商店は取引銀行よりその通知を受けた。

2．川崎商店は，横浜商店に対する電子記録債権のうち¥50,000が回収され，当店の普通預金口座に振り込まれた。

3．厚木商店に対する買掛金¥100,000の支払いを電子記録債権機関で行うため，取引銀行を通じて債務の発生記録を行った。

	借方科目	金　額	貸方科目	金　額
1．川崎				
1．横浜				
2．				
3．				

解　答

1．川崎	（借）	電子記録債権	400,000	（貸）	売　掛　金	400,000
1．横浜	（借）	買　掛　金	400,000	（貸）	電子記録債務	400,000
2．	（借）	普通預金	50,000	（貸）	電子記録債権	50,000
3．	（借）	買　掛　金	100,000	（貸）	電子記録債務	100,000

3）各証票類からの取引の記録

会社では，さまざまな証票（書類）のやり取りを行って，取引を行っています。取引の段階に応じて，次のような証票のやり取りが行われます。これらの証票に基づいて，商品の引渡しや代金の請求，支払い，受領など，簿記上の取引が発生した場合は，帳簿への記帳が行われます。

<代表的な証票>

注文書，納品書，請求書，振込依頼書，領収書，納税通知書，売上集計表，仕入集計表など。また，銀行通帳の入出金明細や伝票などから，仕訳帳などへ記帳することも多いです。

例　題　次の各証票に関する取引の仕訳を示しなさい（商品に関する勘定は3分法による）。

1．㈱湘南商店に商品を売り上げ，商品とともに次の納品書兼請求書を送付し，代金の全額を掛けとして処理した。また，㈱湘南商店負担の送料を現金で支払ったので，その代金を含めて請求した。

納品書兼請求書　　令和 X1 年 4 月30日

㈱湘南商店　御中

㈱厚木商店

品名	数量	単価	金額
SO-2	10	¥500	¥5,000
SH-3	15	¥300	¥4,500
ST-5	5	¥200	¥1,000
送料	—	—	¥500
		合計金額	¥11,000

X1 年 5 月20日までに合計金額を下記口座へお振込みお願いいたします
厚木銀行本店　普通　0011111　カ）アツギショウテン

借方科目	金　　額	貸方科目	金　　額

2．小田原商店に対する5月分の売上（月末締め，翌月20日払い）を集計して次の請求書を発送した。なお，小田原商店に対する売上は，1か月分をまとめて売上を記帳することになっている。

請求書　　令和 X1 年 5 月31日

㈱小田原商店　御中

㈱箱根物産

品名	数量	単価	金額
SA-5	500	¥120	¥60,000
SC-2	300	¥300	¥90,000
SX-3	200	¥120	¥24,000
		合計金額	¥174,000

X1 年 6 月20日までに合計金額を下記口座へお振込みお願いいたします
富士山銀行箱根支店　当座　1010101　カ）ハコネブッサン

借方科目	金　　額	貸方科目	金　　額

3．関東商事㈱に対する売上の集計結果は次のとおりであり，合計金額のうち，￥30,000は現金によって決済され，残額はクレジットカード払いによる決済であった。なお，カード会社への手数料（クレジット金額の３％）は，販売時に認識する。

売上集計表　　令和 X1 年 6 月30日

品名	数量	単価	金額
X 商品	100	￥240	￥24,000
Y 商品	200	￥180	￥36,000
Z 商品	50	￥400	￥20,000
		合計金額	￥80,000

借方科目	金　　額	貸方科目	金　　額

4．㈱大和商店から商品を仕入れ，商品とともに次の請求書を受け取った。代金は後日支払うことにした。なお，消費税は，税抜き方式によって記帳する。

請求書　　令和 X1 年 5 月10日

㈱藤沢商店　御中

㈱大和商店

品名	数量	単価	金額
SO-50	10	￥5,000	￥50,000
SH-30	15	￥3,000	￥45,000
		消費税	￥9,500
		合計金額	￥104,500

借方科目	金　　額	貸方科目	金　　額

5．事務用の消耗品を購入し，商品とともに次の請求書を受け取った。なお，代金は後日振り込むことにした。

請求書　令和 X1 年 5 月20日

㈱鎌倉商店　御中

㈱湘南堂

品名	数量	単価	金額
A4用紙（500枚入り）	10	¥300	¥3,000
マジックペン	300	¥200	¥60,000
トナーカリッジ	5	¥2,000	¥10,000
送料	—	—	¥800
		合計金額	¥73,800

借方科目	金　額	貸方科目	金　額

6．過日，横浜商事㈱は，㈱川崎不動産の仲介により倉庫の賃貸契約を行っていたが，本日，次の振込依頼書通りに，㈱川崎不動産の指定する口座に当社の普通預金から振り込みを行った。なお，仲介手数料は，費用として処理すること。

振込依頼書　令和 X1 年 6 月10日

横浜商事㈱　御中

㈱川崎不動産

以下の合計金額を指定した口座にお振り込みお願いします

内　容	金額
7 月分賃料	¥200,000
敷金	¥400,000
仲介手数料	¥200,000
合計金額	¥800,000

借方科目	金　額	貸方科目	金　額

7．出張中の従業員Xが帰社し，下記の領収書と出張明細書を提出したので，当店のY銀行普通預金口座から従業員の指定するZ銀行の普通預金に¥9,500を振り込んだ。なお，当社では¥10,000未満の概算額はすべて従業員が立替え払いし，出張から戻りしだい精算することになっている。

領収書　　　令和X1年6月25日

㈱横浜商事　様

¥6,000―

ただし，X1年6/23宿泊代金として受領しました
〒460-0000名古屋市中区○○○

名古屋ABCホテル㈱　印

出張明細書

内訳	金額
電車代	¥3,500
宿泊代	¥6,000
合計	¥9,500

借方科目	金　額	貸方科目	金　額

解　答

		借方科目	金額		貸方科目	金額
1.	（借）	売掛金	11,000	（貸）	売上	10,500
					現金	500
2.	（借）	売掛金	174,000	（貸）	売上	174,000
3.	（借）	現金	30,000	（貸）	売上	80,000
		クレジット売掛金	48,500			
		支払手数料	1,500			
4.	（借）	仕入	95,000	（貸）	買掛金	104,500
		仮払消費税	9,500			
5.	（借）	消耗品費	73,800	（貸）	未払金	73,800
6.	（借）	支払家賃	200,000	（貸）	普通預金	800,000
		差入保証金	400,000			
		支払手数料	200,000			
7.	（借）	旅費交通費	9,500	（貸）	普通預金Y銀行	9,500

2－5 その他の債権・債務

1）貸付金・借入金

取引先や従業員などに金銭を貸付けた場合，あとで金銭を返してもらう権利＝債権が生じますので，貸付けた側は**「貸付金」（資産）**という勘定で処理をします。

一方，銀行や取引先などから金銭を借り受けた場合，あとで金銭を返す義務＝債務が生じますので，借りた側は**「借入金」（負債）**という勘定で処理をします。

通常，金銭の貸付や借入は「金銭消費貸借契約」を結び，借用証書を交わすことにより行われます。

【仕訳のポイント】

◇金銭を貸付けたら，その貸付額を借方に「貸付金」と仕訳し，返済を受けたら，その返済額を貸方に「貸付金」と仕訳する。

金銭を貸し付けたとき：（借）貸付金　XXX　（貸）現金など　XXX

金銭の返済を受けたとき：（借）現金など　XXX　（貸）貸付金　XXX

◇金銭を借り受けたら，その借入額を貸方に「借入金」と仕訳し，返済をしたら，その返済額を借方に「借入金」と仕訳する。

金銭を借り入れたとき　：（借）現金など　XXX　（貸）借入金　XXX

金銭を返済したとき：　（借）借入金　XXX　（貸）現金など　XXX

例　題　次の取引の仕訳を示しなさい。

1．大阪商店は，山口商店と借用証書を取り交わし現金￥10,000を貸し付けた。

借方科目	金　額	貸方科目	金　額

2．大阪商店は，山口商店に対する貸付金￥10,000について利息￥500とともに現金で返済を受けた。

借方科目	金　額	貸方科目	金　額

3．山口商店は，大阪商店と借用証書を取り交わし現金￥10,000を借り入れた。

借方科目	金　　額	貸方科目	金　　額

4．山口商店は，大阪商店に対する借入金￥10,000を利息￥500とともに現金で返済した。

借方科目	金　　額	貸方科目	金　　額

解　答

1．(借) 貸 付 金　10,000　(貸) 現　　金　10,000
2．(借) 現　　金　10,500　(貸) 貸 付 金　10,000
　　　　　　　　　　　　　　　受取利息　　500
3．(借) 現　　金　10,000　(貸) 借 入 金　10,000
4．(借) 借 入 金　10,000　(貸) 現　　金　10,500
　　　　支払利息　　500

問　題　次の取引の仕訳を示しなさい。

1．神奈川商店は，佐賀商店と借用証書を取り交わし現金￥500,000を貸付けた。
2．神奈川商店は，上記1の貸付金について利息￥25,000とともに現金で返済を受けた。
3．神田商事は，銀行と借用証書を取り交わし￥1,000,000円を借入れ普通預金へ預け入れた。
4．神田商事は，上記3の借入金について利息￥30,000とともに普通預金より返済した。

	借方科目	金　　額	貸方科目	金　　額
1．				
2．				
3．				
4．				

解　答

1．(借) 貸 付 金　500,000　(貸) 現　　金　500,000

2．（借）現　　金　525,000　（貸）貸 付 金　500,000
　　　　　　　　　　　　　　　　　受取利息　25,000
3．（借）普通預金　1,000,000　（貸）借 入 金　1,000,000
4．（借）借 入 金　1,000,000　（貸）普通預金　1,030,000
　　　　支払利息　30,000

2）手形貸付金・手形借入金

金銭の貸付けや借入れにあたり，借用証書を用いずに手形を用いる方法があります。

手形により金銭を貸付けた場合は**「手形貸付金」（資産）**，手形により金銭を借入れた場合には**「手形借入金」（負債）**という勘定を用いて上記 1）の場合とは区別します。

借用証書ではなく手形を用いると，①返済期日になったら銀行間で自動的に決済される，②期日に返済しないと不渡りを出してしまうことになるため返済に強制力がある，③手形は流通可能である，などのメリットがあります。

なお，手形貸付金・手形借入金の場合，手形の額面金額から利息分を差し引いて金銭の授受を行うのが原則です。

【仕訳のポイント】

◇手形により金銭を貸付けたら，その貸付額を借方に「手形貸付金」と仕訳し，利息部分は貸方に「受取利息」と仕訳する。手形が決済されたら，その決済額を貸方に「手形貸付金」と仕訳する。

金銭を貸し付けたとき：（借）手形貸付金　XXX　（貸）現金など　XXX
　　　　　　　　　　　　　　　　　　　　　　　　　受取利息　XXX
金銭の返済を受けたとき：（借）当座預金など　XXX　（貸）手形貸付金　XXX

◇手形により金銭を借り受けたら，その借入額を貸方に「手形借入金」と仕訳し，利息部分は借方に「支払利息」と仕訳する。決済されたら，その決済額を借方に「手形借入金」と仕訳する。

金銭を借り入れたとき：（借）現金など　XXX　（貸）手形借入金　XXX
　　　　　　　　　　　　　　支払利息　XXX
金銭を返済したとき：（借）手形借入金　XXX　（貸）当座預金　XXX

例　題　次の取引の仕訳を示しなさい。

1．博多商店は，佐賀商店の依頼により¥100,000を貸付け，佐賀商店振出の約束手形を受け取った。なお，貸付金は利息¥2,500を差し引き小切手を振り出して支払った。

借方科目	金　額	貸方科目	金　額

2．博多商店は，1の手形が無事決済され，当座預金口座に入金された旨通知を受けた。

借方科目	金　額	貸方科目	金　額

3．島根商店は広島商店より，約束手形を振出して¥300,000を借入れ，利息¥10,000を差し引いた残額を小切手により受け取った。

借方科目	金　額	貸方科目	金　額

4．上記3の手形は，無事島根商店の当座預金口座より決済された。

借方科目	金　額	貸方科目	金　額

解　答

1．（借）	手形貸付金	100,000	（貸）	当座預金	97,500
				受取利息	2,500
2．（借）	当座預金	100,000	（貸）	手形貸付金	100,000
3．（借）	現　　金	290,000	（貸）	手形借入金	300,000
	支払利息	10,000			
4．（借）	手形借入金	300,000	（貸）	当座預金	300,000

問　題　次の取引の仕訳を示しなさい。

1．四国商会は，大阪商店の依頼により¥300,000を貸付け，同店振出の約束手形を受け取った。なお，貸付金は利息を差し引き小切手を振り出して支払った。貸付期間は6カ月，利率は年5％とする。

2．四国商会は，1の手形が無事決済され，当座預金口座に入金された旨通知を受けた。

3．徳島商店は，約束手形を振出して愛媛商店から¥100,000を借入れ，利息を差し引いた残額を現金により受け取った。なお，借入期間は8カ月，利率は年3％とする。

4．上記3の手形は，無事徳島商店の当座預金口座より決済された（徳島商店側を記載）。

	借方科目	金　額	貸方科目	金　額
1．				

2.				
3.				
4.				

解　答

1.（借）手形貸付金　300,000　（貸）当 座 預 金　292,500
　　　　　　　　　　　　　　　　　受 取 利 息※1　7,500
2.（借）当 座 預 金　300,000　（貸）手形貸付金　300,000
3.（借）現　　　金　98,000　（貸）手形借入金　100,000
　　　支 払 利 息※2　2,000
4.（借）手形借入金　100,000　（貸）当 座 預 金　100,000

※1　利息の計算　300,000円×5％×$\frac{6}{12}$＝7,500円

※2　利息の計算　100,000円×3％×$\frac{8}{12}$＝2,000円

3）未収入金・未払金　★

商品の売買取引（商品の仕入や販売等）で，代金は後日受け取る場合または後日支払う場合に用いた勘定は「売掛金」や「買掛金」でした。

では，土地・建物・備品など**商品以外**のものを売ったり買ったりして，代金は後日決済するとした場合にも「売掛金」や「買掛金」といった勘定を用いるでしょうか。

簿記では商品売買による債権・債務と，その他の取引による債権・債務を区別するために，商品以外のものの売買を行い代金は後日決済するとした場合には，「売掛金」ではなく**「未収入金」（資産）**という勘定を，「買掛金」ではなく**「未払金」（負債）**という勘定を用います。

【仕訳のポイント】

◇商品以外の売却による債権が発生したら，借方に「未収入金」と仕訳し，回収したら貸方に「未収入金」と仕訳する。

　商品以外の売却債権が発生したとき：（借）未 収 入 金　XXX　（貸）備 品 な ど　XXX
　未収入金を回収したとき：　（借）現 金 な ど　XXX　（貸）未 収 入 金　XXX

◇商品以外の購入による債務が発生したら，貸方に「未払金」と仕訳し，支払ったら借方に「未払金」と仕訳する。

　商品以外の購入債務が発生したとき：（借）備 品 な ど　XXX　（貸）未　払　金　XXX
　未払金を支払ったとき：　（借）未　払　金　XXX　（貸）現 金 な ど　XXX

例　題　次の取引の仕訳を示しなさい。

1．備品（帳簿価額￥5,000）を売却し，代金￥5,000は月末に受け取ることとした。

借方科目	金　額	貸方科目	金　額

2．月末になり，かねて売却した備品の未収代金￥5,000を現金で受け取った。

借方科目	金　額	貸方科目	金　額

3．土地を購入し，代金￥5,000,000は2カ月後に支払うこととした。

借方科目	金　額	貸方科目	金　額

4．かねて購入した土地の未払代金￥5,000,000について小切手を振出して支払った。

借方科目	金　額	貸方科目	金　額

解　答

1．（借）未収入金　5,000　（貸）備　　品　5,000
2．（借）現　　金　5,000　（貸）未収入金　5,000
3．（借）土　　地　5,000,000　（貸）未 払 金　5,000,000
4．（借）未 払 金　5,000,000　（貸）当座預金　5,000,000

問　題　次の取引の仕訳を示しなさい。

1．商品棚（帳簿価額￥10,000）を￥10,000で売却し，代金は月末に受け取ることとした。
2．月末になり，上記1の代金を小切手で受け取った。
3．配達用車両を購入し，代金￥700,000は翌月末に支払うこととした。
4．上記3の代金を小切手を振出して支払った。

	借方科目	金　額	貸方科目	金　額
1．				
2．				
3．				
4．				

解　答

1．(借) 未収入金　10,000　(貸) 備　　品　10,000
2．(借) 現　　金　10,000　(貸) 未収入金　10,000
3．(借) 車両運搬具　700,000　(貸) 未 払 金　700,000
4．(借) 未 払 金　700,000　(貸) 当座預金　700,000

4）仮払金・仮受金　★

現金の支払いや受け取りがあったものの，その理由がわからないときや金額がはっきりしない場合，どのような処理を行えばよいでしょうか。こういった場合，その内容や金額が明らかになるまで**「仮払金」（資産）**や**「仮受金」（負債）**といった勘定を用いて処理します。なお，これらの勘定は仮勘定といい，内容がはっきりするまでの一時的な勘定です。

【仕訳のポイント】

◇金額や内容が確定しない出金があった場合，借方に「仮払金」と仕訳し，金額等が確定したら貸方に「仮払金」と仕訳する。

金額や内容が確定しない出金があったとき：
(借) 仮 払 金　XXX　(貸) 現金など　XXX
確定したとき：(借) 旅費交通費など　XXX　(貸) 仮 払 金　XXX

◇金額や内容が確定しない入金があった場合，貸方に「仮受金」と仕訳し，金額等が確定したら借方に「仮受金」と仕訳する。

金額や内容が確定しない入金があったとき：
(借) 現金など　XXX　(貸) 仮 受 金　XXX
確定したとき：(借) 仮 受 金　XXX　(貸) 売掛金など　XXX

例　題　次の取引の仕訳を示しなさい。

1．従業員の出張にあたり，旅費の概算額¥10,000を現金で渡した。

借方科目	金　額	貸方科目	金　額

2．出張中の従業員から，当社の当座預金口座に¥100,000の入金があったが，その内容は不明である。

借方科目	金　額	貸方科目	金　額

3．従業員が帰社し，上記2の振込みは売掛金の回収であることが判明した。

借方科目	金　額	貸方科目	金　額

4．従業員が出張から帰社し，旅費の精算を行ったところ¥8,000であり，残額¥2,000を現金で受け取った。

借方科目	金　額	貸方科目	金　額

5．従業員が出張から帰社し，旅費の精算を行ったところ¥12,000であり，不足分¥2,000については現金で支払った。

借方科目	金　額	貸方科目	金　額

解　答

1．	(借)	仮払金	10,000	(貸)	現金	10,000
2．	(借)	当座預金	100,000	(貸)	仮受金	100,000
3．	(借)	仮受金	100,000	(貸)	売掛金	100,000
4．	(借)	旅費交通費	8,000	(貸)	仮払金	10,000
		現金	2,000			
5．	(借)	旅費交通費	12,000	(貸)	仮払金	10,000
					現金	2,000

問　題　次の取引の仕訳を示しなさい。

1．従業員の出張にあたり，出張費の概算額¥50,000を現金で渡した。
2．出張中の従業員から，当社の普通預金口座に¥30,000の入金があったが，その内容は不明である。
3．上記2の入金は，金沢商店への売上代金であることが判明した。
4．従業員が出張から帰社し旅費の精算を行ったところ，旅費¥40,000と通信費¥1,000であり，残額¥9,000を現金で受け取った。

	借方科目	金　額	貸方科目	金　額
1.				
2.				
3.				
4.				

解　答

1.（借）	仮 払 金	50,000	（貸）	現　　金	50,000
2.（借）	普通預金	30,000	（貸）	仮 受 金	30,000
3.（借）	仮 受 金	30,000	（貸）	売　　上	30,000
4.（借）	旅費交通費	40,000	（貸）	仮 払 金	50,000
	通 信 費	1,000			
	現　　金	9,000			

5）立替金・預り金 ★

会社では，一時的に金銭を立て替えたり預かったりすることがあります。

たとえば，取引先が負担する運賃を代わりに支払ったり，従業員に給料を前貸ししたりした場合，あとで立て替えたお金を受け取る権利が生じますから**「立替金」（資産）**（従業員に対するものは「従業員立替金」と区別します）という資産の勘定で処理します。

また，会社では通常，従業員等の給料から源泉所得税や社会保険料，住民税等を天引きして従業員に手渡します。この天引きされたお金は，あとで会社が税務署等に納めるために預かっているお金です。ですから，**「預り金」（負債）**（「所得税預り金」「社会保険料預り金」と区別します）という負債の勘定で処理します。

【仕訳のポイント】

◇立替払いをした場合，借方に「立替金」と仕訳し，回収したら貸方に「立替金」と仕訳する。

立替払いをしたとき：	（借）立 替 金	XXX	（貸）	現金など	XXX
立替金を回収したとき：	（借）現金など	XXX	（貸）	立 替 金	XXX

◇お金を預かった場合，貸方に「預り金」と仕訳し，預かったお金を納付等した場合，借方に「預り金」と仕訳する。

所得税を預かったとき：	（借）給　　料	XXX	（貸）	現金など	XXX
				所得税預り金	XXX
所得税を納付したとき：	（借）所得税預り金	XXX	（貸）	現金など	XXX

例　題　次の取引の仕訳を示しなさい（商品に関する勘定は3分法による）。

1．従業員に給料の前貸しとして￥50,000を現金で渡した。

借方科目	金　額	貸方科目	金　額

2．従業員に対し，給料￥300,000から前貸し分￥50,000，社会保険料￥22,000，所得税￥15,000を差し引いた金額を普通預金より振り込んだ。

借方科目	金　額	貸方科目	金　額

3．従業員より徴収した所得税の源泉徴収額￥15,000を現金で納付した。

借方科目	金　額	貸方科目	金　額

4．長野商店へ商品￥100,000を販売し，代金は同店振り出しの小切手で受け取った。なお，先方負担の運送費￥5,000は当店が現金で立替払いしている。

借方科目	金　額	貸方科目	金　額

解　答

1．	（借）	従業員立替金	50,000	（貸）	現　　金	50,000
2．	（借）	給　　料	300,000	（貸）	普通預金	213,000
					従業員立替金	50,000
					社会保険料預り金	22,000
					所得税預り金	15,000
3．	（借）	所得税預り金	15,000	（貸）	現　　金	15,000
4．	（借）	現　　金	100,000	（貸）	売　　上	100,000
		立 替 金	5,000		現　　金	5,000

問　題　次の取引の仕訳を示しなさい（商品に関する勘定は３分法による）。

1．従業員に給料の前貸しとして￥10,000を現金で渡した。

2．給与支給日となり，給料￥200,000から立替分￥10,000，社会保険料￥15,000，所得税￥10,000を差し引いた金額を現金で支払った。なお，当社では，社会保険料と所得税について区分して会計処理を行っている。

3．従業員の源泉所得税￥50,000を現金で納付した。なお，当社では，所得税と社会保険料の預り金はそれぞれ別の勘定科目を用いている。

4．山口商店へ商品￥50,000を販売し，代金は後日受け取ることとした。なお，先方負担の運送料￥5,000は現金で立替払いした。（運送料の立替分は掛代金に含めないこと）

	借方科目	金　額	貸方科目	金　額
1．				
2．				
3．				
4．				

解　答

1．	（借）	従業員立替金	10,000	（貸）	現　　金	10,000
2．	（借）	給　　料	200,000	（貸）	現　　金	165,000
					従業員立替金	10,000
					社会保険料預り金	15,000
					所得税預り金	10,000
3．	（借）	所得税預り金	50,000	（貸）	現　　金	50,000
4．	（借）	売 掛 金	50,000	（貸）	売　　上	50,000
		立 替 金	5,000		現　　金	5,000

6）前払金・前受金 ★

商品売買において商品代金の一部として内金を受け取ったり，支払ったりする場合があります。この場合，現金の授受がありますが，この時点ではまだ商品を引き渡したり受け取ったりしていませんから，まだ売り上げや仕入れは発生していません。

内金を受け取った場合，あとで商品を引き渡す義務を負うことになるので，**「前受金」（負債）**という勘定で処理します。一方，内金を支払った場合，あとで商品を受け取る権利を持つことになるので，**「前払金」（資産）**という勘定で処理します。

【仕訳のポイント】

◇内金を支払った場合，借方に「前払金」と仕訳し，商品を引き取ったら貸方に「前払金」と仕訳する。

内金を支払ったとき：	（借）前払金	XXX	（貸）現金など	XXX
商品を引き取ったとき：	（借）仕入	XXX	（貸）前払金	XXX
			買掛金など	XXX

◇内金を受け取った場合，貸方に「前受金」と仕訳し，商品を引渡した場合，借方に「前受金」と仕訳する。

内金を受け取ったとき：	（借）現金など	XXX	（貸）前受金	XXX
商品を引渡したとき：	（借）前受金	XXX	（貸）売上	XXX
	売掛金など	XXX		

例　題　次の取引の仕訳を示しなさい（商品に関する勘定は3分法による）。

1．関東商店は港商店に商品を注文し，内金として¥10,000を現金で支払った。

借方科目	金　額	貸方科目	金　額

2．関東商店は港商店から商品¥50,000を受け取り，代金のうち¥10,000は注文時に支払った内金と相殺し，残額は掛けとした。

借方科目	金　額	貸方科目	金　額

3．港商店は関東商店から商品の注文を受け，内金として¥10,000を現金で受け取った。

借方科目	金　　額	貸方科目	金　　額

4．港商店は関東商店に商品¥50,000を引き渡し，代金のうち¥10,000は注文時に受け取った内金と相殺し，残額は掛けとした。

借方科目	金　　額	貸方科目	金　　額

解　答

	借方科目	金額		貸方科目	金額
1．（借）	前払金	10,000	（貸）	現　金	10,000
2．（借）	仕　入	50,000	（貸）	前払金	10,000
				買掛金	40,000
3．（借）	現　金	10,000	（貸）	前受金	10,000
4．（借）	前受金	10,000	（貸）	売　上	50,000
	売掛金	40,000			

問　題　次の取引の仕訳を示しなさい（商品に関する勘定は3分法による）。

1．四国商店は九州商店に商品を注文し，内金として¥50,000を小切手で支払った。
2．四国商店は九州商店から商品¥200,000を受け取り，代金のうち¥50,000は注文時に支払った内金と相殺し，残額は掛けとした。
3．市川商店は三浦商店から商品の注文を受け，内金として¥30,000を現金で受け取った。
4．市川商店は三浦商店に商品¥100,000を引き渡し，代金のうち¥30,000は注文時に受け取った内金と相殺し，残額は同店振出の約束手形で受け取った。

	借方科目	金　　額	貸方科目	金　　額
1．				
2．				
3．				
4．				

解　答

1．（借）	前払金	50,000	（貸）	当座預金	50,000
2．（借）	仕入	200,000	（貸）	前払金	50,000
				買掛金	150,000
3．（借）	現金	30,000	（貸）	前受金	30,000
4．（借）	前受金	30,000	（貸）	売上	100,000
	受取手形	70,000			

7）受取商品券 ★

商品の売上代金として，地方公共団体や他社が発行した商品券を受け取ることがあります。受け取った商品券は**「受取商品券」（資産）**として計上をします。

受取商品券は，その商品券の発行者に対する債権であり，後日その額面代金を受け取ることができます。

【仕訳のポイント】

◇商品券を受け取った場合，借方に「受取商品券」と仕訳する。

商品券を受け取ったとき：（借）受取商品券　XXX　（貸）売　上　XXX

◇商品券を精算した場合，貸方に「受取商品券」と仕訳する。

商品券を精算したとき：（借）現金など　XXX　（貸）受取商品券　XXX

例　題　次の取引の仕訳を示しなさい（商品に関する勘定は3分法による）。

1．横浜商店は，商品¥35,000を販売し，代金はY市が発行した商品券で受け取った。

借方科目	金　額	貸方科目	金　額

2．横浜商店は，商品¥50,000を販売し，代金のうち¥40,000はM百貨店の商品券で受け取り，残額は現金で受け取った。

借方科目	金　額	貸方科目	金　額

3．横浜商店は，Y市発行の商品券¥35,000の決済を請求し，同額が当座預金口座に入金された。

借方科目	金　額	貸方科目	金　額

解　答

1．（借）受取商品券　35,000　（貸）売　　上　35,000
2．（借）受取商品券　40,000　（貸）売　　上　50,000
　　　　現　　金　10,000
3．（借）当座預金　35,000　（貸）受取商品券　35,000

問　題　次の取引の仕訳を示しなさい（商品に関する勘定は3分法による）。

1．代々木商店は，商品¥50,000を販売し，代金はJ社が発行した商品券で受け取った。
2．代々木商店は，商品¥85,000を販売し，代金のうち¥80,000はY市発行の商品券で受け取り，残額は現金で受け取った。
3．代々木商店は，J社発行の商品券¥100,000の決済を請求し，同額が当座預金口座に入金された。

	借方科目	金　額	貸方科目	金　額
1．				
2．				
3．				

解　答

1．（借）受取商品券　50,000　（貸）売　　上　50,000
2．（借）受取商品券　80,000　（貸）売　　上　85,000
　　　　現　　金　5,000
3．（借）当座預金　100,000　（貸）受取商品券　100,000

8）差入保証金 ★

店舗や倉庫・事務所等に使用するための建物，土地などの賃借にあたり，敷金や保証金等の名目で金銭を差し入れることがあります。このような金銭を支払ったときは，**「差入保証金」（資産）**として計上をします。

差入保証金は，通常，解約時に原状回復費用負担分を減額された残額が賃借人に返還されます。そのため，差し入れた時点では資産として計上をします。

【仕訳のポイント】

◇保証金等を支払った場合，借方に「差入保証金」と仕訳する。

保証金等を支払ったとき：(借) 差入保証金　XXX　(貸) 現金など　XXX

◇解約時に精算された場合，貸方に「差入保証金」と仕訳する。

保証金等を精算したとき：(借) 現金など　XXX　(貸) 差入保証金　XXX

※自己負担の修繕あり　修繕費　XXX

例題　次の取引の仕訳を示しなさい。

1．当社は店舗用物件を賃借するにあたり，敷金￥500,000を小切手を振り出して支払った。

借方科目	金　額	貸方科目	金　額

2．店舗用物件の賃貸借契約を解約し，契約時に支払った敷金￥500,000について，修繕費￥250,000を差し引いた残額が普通預金口座に振り込まれた。

借方科目	金　額	貸方科目	金　額

解答

1．(借) 差入保証金　500,000　(貸) 当座預金　500,000

2．(借) 普通預金　250,000　(貸) 差入保証金　500,000

　　　　修繕費　250,000

問題　次の取引の仕訳を示しなさい。

1．当社は，社宅を賃借するにあたり，敷金￥100,000を現金で支払った。

2．社宅の賃貸借契約を解約し，契約時に支払った敷金￥100,000について，修繕費￥60,000を差し引いた残額が当座預金口座に振り込まれた。

	借方科目	金　額	貸方科目	金　額
1．				
2．				

解　答

1. (借)	差入保証金	100,000	(貸)	現　　金	100,000
2. (借)	当 座 預 金	40,000	(貸)	差入保証金	100,000
	修　繕　費	60,000			

2－6　有形固定資産

1）有形固定資産

有形固定資産とは，企業が1年以上の長期にわたって使用する資産のうち形のあるもの（有体物）で，土地，建物（店舗・事務所・倉庫・工場など），車輌運搬具（乗用車，トラックなど），備品（パソコン，応接セット，コピー機，陳列棚など）です。

2）購入時の処理

有形固定資産を購入したときは，**「土地」「建物」「車輌運搬具」「備品」**といった勘定を設け，その借方に，取得原価で記帳します。

取得原価とは，その有形固定資産の購入代価に付随費用を加えた取得にかかった支出の合計をいいます。付随費用には，仲介手数料，購入手数料，送料，登記費用，設置費用等が含まれます。

有形固定資産の取得原価　＝　購入代価　＋　付随費用

【仕訳のポイント】

◇有形固定資産の取得したときは借方に仕訳する。

建物を現金で購入したとき：　（借）建　　物　XXX　（貸）現　　金　XXX

◇購入にあたり購入代価を後日払う場合は，買掛金ではなく，「未払金」を使用して仕訳する。

建物を購入して後日支払うとき：（借）建　　物　XXX　（貸）未 払 金　XXX

例　題　次の取引の仕訳を示しなさい。

1．店舗用建物￥800,000を購入し，仲介手数料￥50,000とともに小切手を振り出して支払った。

借方科目	金　額	貸方科目	金　額

2．営業用の乗用車￥100,000を購入し，購入手数料￥1,000とともに現金で支払った。

借方科目	金　額	貸方科目	金　額

3．コピー機￥100,000を購入し，代金は翌月支払うことにした。

借方科目	金　額	貸方科目	金　額

4．倉庫を建設するため土地を購入した。購入代価￥2,000,000，仲介手数料￥60,000，登記費用￥50,000，整地費用￥70,000を合わせ小切手を振り出した。

借方科目	金　額	貸方科目	金　額

解　答

1．(借) 建　　物　850,000　(貸) 当座預金　850,000
2．(借) 車輌運搬具　101,000　(貸) 現　　金　101,000
3．(借) 備　　品　100,000　(貸) 未 払 金　100,000
4．(借) 土　　地　2,180,000　(貸) 当座預金　2,180,000

問　題　次の取引の仕訳を示しなさい。

1．オフィス用建物￥1,000,000を購入し，仲介手数料￥40,000とともに小切手を振り出して支払った。
2．営業用のワゴン車￥500,000を購入し，購入手数料￥5,000とともに現金で支払った。
3．コピー機￥150,000を購入し，代金は翌月支払うことにした。
4．倉庫建設用の土地￥3,000,000を購入した。仲介手数料￥50,000，登記費用￥70,000，整地費用￥100,000とともに小切手を振り出した。

	借方科目	金　額	貸方科目	金　額
1．				
2．				
3．				
4．				

解　答

1．(借) 建　　物　1,040,000　(貸) 当座預金　1,040,000
2．(借) 車輌運搬具　505,000　(貸) 現　　金　505,000
3．(借) 備　　品　150,000　(貸) 未 払 金　150,000
4．(借) 土　　地　3,220,000　(貸) 当座預金　3,220,000

3）固定資産台帳

固定資産台帳とは，事業に関わる建物，車，備品などの固定資産を購入したときに，**名称や購入金額，購入日など必要な情報を記録する補助簿**です。固定資産台帳には，減価償却費の根拠となる役割があり，減価償却累計額も整理されているので，**現在の固定資産の価値がすぐにわかる**ようになっています。さらに，個人事業では，確定申告の際に作成義務のある重要な帳簿となっています。なお，減価償却については，3－3－3）決算整理仕訳③―減価償却の計算・有形固定資産の売却―（121頁）をご参照ください。

例題1　次の固定資産台帳に基づいて，空欄①～⑤に当てはまる適切な金額を答えなさい。当社は，定額法（残存価額はゼロ，間接法で記帳）により減価償却を行っており，期中取得した場合の減価償却費は月割で計算する。当期は，X8年4月1日からX9年3月31日までである。

固定資産台帳

X9年3月31日現在　（単位：円）

取得年月日	種類用途	期末数量	耐用年数	期首(期中)取得原価	期首減価償却累計額	差引期首(期中)帳簿価額	当期減価償却費
X2年4月1日	備品A	1	10年	1,500,000	900,000	①	②
X7年9月5日	備品B	2	5年	600,000	③	?	④
X8年6月1日	備品C	2	3年	540,000	0	540,000	⑤

①	②	③	④	⑤

解答・解説

① 600,000	② 150,000	③ 70,000	④ 120,000	⑤ 150,000

①　期首時点の帳簿価額　¥1,500,000－¥900,000＝¥600,000

②　取得がX2年であり，当期1年にわたり使用している。

(¥1,500,000－0)÷10年＝¥150,000

③　前期途中で取得しており，期首時点で7カ月（月割計算）使用している。

(¥600,000－0)÷5年×7/12＝¥70,000

④　当期1年にわたり使用している。

(¥600,000－0)÷5年＝¥120,000

⑤　当期中に取得しており，10カ月（月割計算）使用している。

(¥540,000－0)÷3年×10/12＝¥150,000

例題 2　次の固定資産台帳に基づいて，空欄①～⑤に当てはまる適切な金額または勘定科目を答えなさい。当社は，定額法（残存価額はゼロ，間接法で記帳）により減価償却を行っており，期中取得した場合の減価償却費は月割で計算する。当期は，X8年4月1日からX9年3月31日までである。

固定資産台帳

X9年3月31日現在　（単位：円）

取得年月日	種類用途	期末数量	耐用年数	期首(期中)取得原価	期首減価償却累計額	差引期首(期中)帳簿価額	当期減価償却費
X5年4月1日	X備品	3	5年	1,200,000	720,000	480,000	240,000
X6年6月8日	Y備品	2	3年	720,000	440,000	280,000	240,000
X8年9月1日	Z備品	3	8年	1,080,000	0	1,080,000	?

備　品

借方			貸方		
4/1	前期繰越	（ ① ）	3/31	次期繰越	（ ② ）
9/1	当座預金	（　　）			
		（　　）			（　　）

備品減価償却累計額

借方			貸方		
3/31	次期繰越	（　　）	4/1	前期繰越	（ ③ ）
			3/31	（ ④ ）	（ ⑤ ）

①	②	③	④	⑤

解答・解説

① 1,920,000	② 3,000,000	③ 1,160,000	④ 減価償却費	⑤ 558,750

① 期首時点で使用している備品は，X備品とY備品である。

帳簿価額　¥1,200,000＋¥720,000＝¥1,920,000

② 期末時点で使用している備品は，X備品，Y備品，Z備品である。

帳簿価額　¥1,200,000＋¥720,000＋¥1,080,000＝¥3,000,000

③ 期首時点で前期から繰り越された減価償却累計額は，X備品とY備品に対するものである。

¥720,000＋¥440,000＝¥1,160,000

④ ⑤ 当期決算時の整理仕訳では次のようになる。

Z備品の減価償却高　(¥1,080,000－0)÷8年×7/12＝¥78,750

X備品償却高¥240,000＋Y備品償却高¥240,000＋Z備品償却高¥78,750＝¥558,750

(借)	減価償却費	558,750	(貸)	備品減価償却累計額	558,750

2－7　資　本

1）株式会社の設立 ★

企業には，個人事業主のほか，財団法人，社団法人，学校法人，協同組合などさまざまな形態がありますが，会社形態が多く，なかでも株式会社が最も多い企業形態です。

株式会社は資本を細かく株式に分け，出資者の出資に対して株式を割り当てることによって，多額の資本を調達できる会社形態です。したがって，株式会社の設立においては，株主となる者に株式を発行し，金銭等の財産を払い込ませて，株主の地位を与えます。払い込まれた金銭等は**「資本金」（資本）**という勘定の貸方に記帳されます。

【仕訳のポイント】

◇株式会社を設立した場合，「資本金」は貸方に仕訳する。

現金が払い込まれたとき：（借）現　　金　XXX　（貸）資 本 金　XXX

⇒株式の発行は，１株当たりの発行価格，発行株式数を決定して実行される。

例　題　次の取引の仕訳を示しなさい。

関東商事㈱を設立し，発行株式数1,000株を１株当たり￥500で発行し，株主からの払込金は当座預金とした。

借方科目	金　額	貸方科目	金　額

解　答

（借）当座預金　500,000　（貸）資 本 金　500,000

問　題　次の取引の仕訳を示しなさい。

1．関東商事㈱を設立し，発行株式数2,000株を１株当たり￥1,000で発行し，株主からの払込金は普通預金とした。

2．㈱六浦商店は，発行価格１株当たり￥500，発行株式数2,000株により設立され，払込み金額が，当座預金に振り込まれた。

	借方科目	金　額	貸方科目	金　額
1.				
2.				

解　答

1.（借）普通預金　2,000,000　（貸）資本金　2,000,000
2.（借）当座預金　1,000,000　（貸）資本金　1,000,000

2）増　資

会社は成長を続けるためにより多くの資本を必要とします。設立以降の資本金の増加を**増資**といいます。増資においても，発行価格と発行株式数が決められます。

【仕訳のポイント】

◇会社設立後に増資をした場合は，資本金の増加額を貸方に仕訳する。
　増資して現金が払い込まれたとき：(借）現　金　XXX　(貸）資本金　XXX

例　題　次の取引の仕訳を示しなさい。

関東商事㈱は，会社設立後５期目に至り増資を実施することになった。1,000株を１株当たり￥1,500で発行し，株主からの払込金は，当座預金とした。

借方科目	金　額	貸方科目	金　額

解　答

（借）当座預金　1,500,000　（貸）資本金　1,500,000

問　題　次の取引の仕訳を示しなさい。

㈱六浦商事は，会社設立後４期目において増資を行うことになった。2,000株を１株当たり￥800で発行し，株主からの払込金は当座預金とした。

借方科目	金　額	貸方科目	金　額

解　答

（借）当座預金　1,600,000　（貸）資本金　1,600,000

3）繰越利益剰余金 ★

決算においてすべての収益勘定と費用勘定の残高は損益勘定に振り替えられます。そして，その差額である当期純利益は**「繰越利益剰余金」（資本）**勘定に振り替えられます。1年間の利益（当期純利益）は，次の年に繰り越され，繰越利益剰余金となることにより，会社の資本は増大していきます。しかし，当期の結果が純利益とは限らず，純損失の場合もあります。

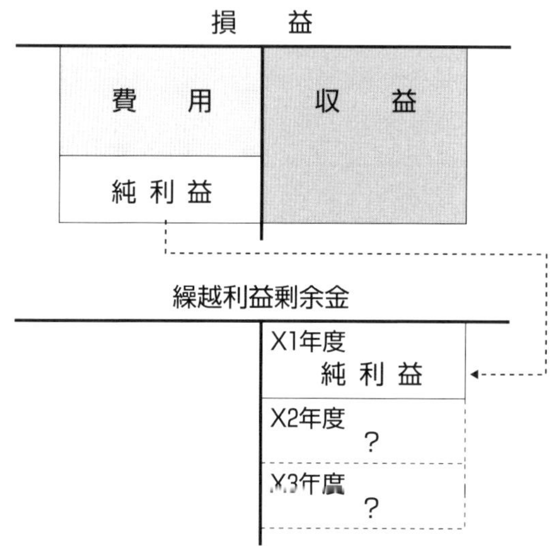

①　純利益を繰越利益剰余金に振り替える場合

損益勘定に振り替えられた収益の総額が100，費用の額が60であれば純利益は40となり，40が「繰越利益剰余金」の貸方に振り替えられます。

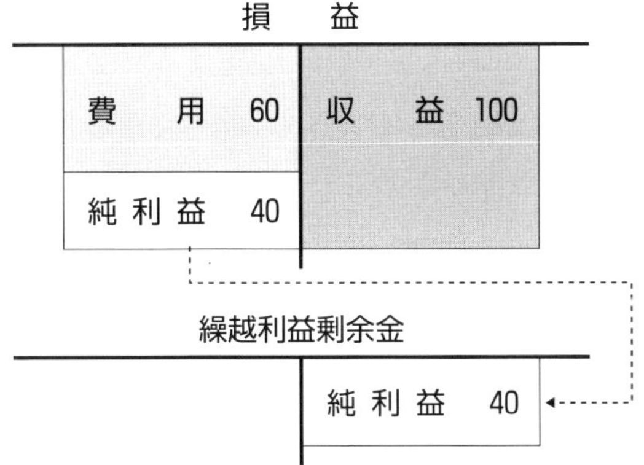

【仕訳のポイント】

◇純利益が発生した場合,「繰越利益剰余金」の貸方に振替仕訳をする。

純利益が発生したとき：(借)　損　　益　40　(貸)　繰越利益剰余金　40

② 純損失を繰越利益剰余金に振り替える場合

収益よりも費用が大きくなり純損失となる場合もあります。その場合は,損益勘定から「繰越利益剰余金」勘定の借方に振り替えることとなります。

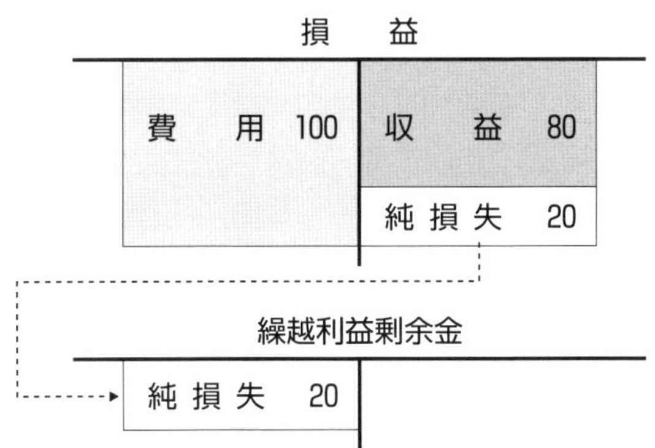

【仕訳のポイント】

◇純損失が発生した場合,「繰越利益剰余金」の借方に振替仕訳をする。

純損失が発生したとき：(借)　繰越利益剰余金　20　(貸)　損　　益　20

例 題

1．関東商事㈱は決算の結果，損益勘定は次のとおりとなっている。損益勘定から繰越利益剰余金勘定への振替仕訳を示し，各勘定を締め切りなさい。

損　益

仕　　入	80,000	売　　上	120,000
給　　料	10,000	受取利息	500
支払運賃	5,000		
支払利息	2,000		
(　　　　)			

繰越利益剰余金

(　　　　)		前期繰越	20,000
		(　　　　)	

借方科目	金　額	貸方科目	金　額

2．関東商事㈱は決算の結果，損益勘定は次のとおりとなっている。損益勘定から繰越利益剰余金勘定への振替仕訳を示し，各勘定を締め切りなさい。

損　益

仕　　入	70,000	売　　上	90,000
給　　料	20,000	受取利息	500
支払運賃	6,000	(　　　　)	
支払利息	4,000		

繰越利益剰余金

(　　　　)		前期繰越	20,000
(　　　　)			

借方科目	金　額	貸方科目	金　額

解 答

1．振替仕訳　（借）損　　益　23,500　（貸）繰越利益剰余金　23,500

損　益

仕　　入	80,000	売　　上	120,000
給　　料	10,000	受取利息	500
支払運賃	5,000		
支払利息	2,000		
(繰越利益剰余金)	23,500		
	120,500		120,500

繰越利益剰余金

(次期繰越)	43,500	前期繰越	20,000
		(損　　益)	23,500
	43,500		43,500

2．振替仕訳　（借）繰越利益剰余金　9,500　（貸）損　　益　9,500

損　　益

仕　　入	70,000	売　　上	90,000
給　　料	20,000	受取利息	500
支払運賃	6,000	（繰越利益剰余金）	9,500
支払利息	4,000		
	100,000		100,000

繰越利益剰余金

（損　　益）	9,500	前期繰越	20,000
（次期繰越）	10,500		
	20,000		20,000

問　題

1．六浦商事㈱のX5期事業年度は決算の結果，損益勘定は次のとおりとなっている。損益勘定から繰越利益剰余金勘定への振替仕訳を示し，各勘定を締め切りなさい。

損　　益

仕　　入	120,000	売　　上	200,000
給　　料	20,000	受取手数料	600
支払家賃	3,000		
支払利息	2,000		

繰越利益剰余金

		前期繰越	30,000

借方科目	金　額	貸方科目	金　額

2．六浦商事㈱のX6期事業年度は決算の結果，損益勘定は次のとおりとなっている。損益勘定から繰越利益剰余金勘定への振替仕訳を示し，各勘定を締め切りなさい。

損　　益

仕　　入	120,000	売　　上	150,000
給　　料	30,000	受取手数料	500
支払家賃	6,000		
支払利息	4,000		

繰越利益剰余金

		前期繰越	30,000

借方科目	金　額	貸方科目	金　額

解　答

1．振替仕訳　（借）損　　益　55,600　（貸）繰越利益剰余金　55,600

損　　益

仕　　入	120,000	売　　上	200,000
給　　料	20,000	受取手数料	600
支払家賃	3,000		
支払利息	2,000		
繰越利益剰余金	55,600		
	200,600		200,600

繰越利益剰余金

次期繰越	85,600	前期繰越	30,000
		損　　益	55,600
	85,600		85,600

2．振替仕訳　（借）繰越利益剰余金　9,500　（貸）損　　益　9,500

損　　益

仕　　入	120,000	売　　上	150,000
給　　料	30,000	受取手数料	500
支払運賃	6,000	繰越利益剰余金	9,500
支払利息	4,000		
	160,000		160,000

繰越利益剰余金

損　　益	9,500	前期繰越	30,000
次期繰越	20,500		
	30,000		30,000

4）配　　当

株式会社の株主は出資に対する配当を求めます。一方で，株式会社への基本法規である会社法は配当規制を設けています。

<配当規制>

① 原則として，繰越利益剰余金がなければ，株主に配当してはならない。

② 配当を行うごとに，その額の10分の１に相当する額を利益準備金に計上しなければならない。

繰越利益剰余金がマイナスとなっている場合は配当ができません。このような場合は，資本金の金額に利益剰余金のマイナス額が食い込んでおり，資本金の額が維持されていないことになります。このような場合に配当を行うと会社の財務体質をさらに悪化させ，負債を返済できない状態になる可能性があるため，会社法は配当を規制しているのです。

利益準備金は資本金の４分の１まで積み立てなければなりません。そして，利益準備金相当額も配当することはできません。

【仕訳のポイント】

◇株主総会で配当決議があったときに，「未払配当金」と「利益準備金」計上を貸方に仕訳する。

配当決議があったとき：

（借）繰越利益剰余金　XXX　（貸）未払配当金　XXX
　　　　　　　　　　　　　　　　利益準備金　XXX

◇配当金を当座預金より支払ったときに支払いの仕訳をする。

配当金を支払ったとき：

（借）未払配当金　XXX　（貸）当座預金　XXX

例　題　次の取引の仕訳を示しなさい。

1．関東商事㈱は，株主総会において¥3,000,000の配当を行う決議を行った。また，配当に伴って，¥300,000を利益準備金に振り替える。当社には繰越利益剰余金が¥10,000,000ある。

借方科目	金　額	貸方科目	金　額

2．株主総会の翌日，配当を当座預金から支払った。

借方科目	金　額	貸方科目	金　額

解　答

1．（借）繰越利益剰余金　3,300,000　（貸）未払配当金　3,000,000
　　　　　　　　　　　　　　　　　　　　利益準備金　300,000

2．（借）未払配当金　3,000,000　（貸）当座預金　3,000,000

問　題　次の取引の仕訳を示しなさい。

1．㈱六浦商店は，株主総会において¥2,000,000の配当を行う決議を行った。また，配当に伴って，¥200,000を利益準備金に振り替える。当社には繰越利益剰余金が¥8,000,000ある。

2．株主総会の翌日，配当を当座預金から支払った。

	借方科目	金　　額	貸方科目	金　　額
1．				
2．				

解　答

1．（借）	繰越利益剰余金	2,200,000	（貸）	未払配当金	2,000,000
				利益準備金	200,000
2．（借）	未払配当金	2,000,000	（貸）	当座預金	2,000,000

2－8 税　金

企業にはさまざまな税金が課税されます。利益に課税される法人税，住民税，事業税を法人税等といい，損益計算書では，税引前当期純利益から差し引き，差し引き後の利益が当期純利益とされます。一方，利益以外に課税される固定資産税等は費用処理されます。

1）租税公課

費用として処理される税金は**「租税公課」（費用）**という勘定で処理されます。固定資産税は，毎年1月1日時点に保有する土地，建物，機械などの固定資産に対して課税されます。固定資産税は年間4期に分けて納税するか，一括で納税します。

保有する自動車には自動車税が課税されます。手形，契約書，領収書には収入印紙が貼られます。収入印紙は印紙税という税金であり，購入し貼り付けることによって納税したことになります。期末において未使用の印紙は，**「貯蔵品」（資産）**という勘定に計上されます。

【仕訳のポイント】

◇租税公課の仕訳

固定資産税を現金で納付したとき：

（借）租税公課　XXX　（貸）現　　金　XXX

印紙を購入し現金で支払ったとき：

（借）租税公課　XXX　（貸）現　　金　XXX

期末の未使用の印紙を貯蔵品に計上したとき：

（借）貯 蔵 品　XXX　（貸）租税公課　XXX

例　題　次の取引の仕訳を示しなさい。

1．固定資産税の第1期分￥30,000を現金で納税した。

借方科目	金　額	貸方科目	金　額

2．当年度の自動車税￥10,000を現金で納付した。

借方科目	金　額	貸方科目	金　額

3．収入印紙￥2,000を現金で購入した。

借方科目	金　　額	貸方科目	金　　額

4．決算において，￥500分の印紙が未使用であることがわかった。

借方科目	金　　額	貸方科目	金　　額

解　答

1．(借) 租税公課　30,000　(貸) 現　　金　30,000
2．(借) 租税公課　10,000　(貸) 現　　金　10,000
3．(借) 租税公課　2,000　(貸) 現　　金　2,000
4．(借) 貯 蔵 品　500　(貸) 租税公課　500

問　題　次の取引の仕訳を示しなさい。

1．固定資産税の全期分￥120,000を普通預金から納税した。
2．収入印紙￥5,000を現金で購入し費用処理した。
3．決算において，印紙の未使用額は￥1,500であった。

	借方科目	金　　額	貸方科目	金　　額
1．				
2．				
3．				

解　答

1．(借) 租税公課　120,000　(貸) 普通預金　120,000
2．(借) 租税公課　5,000　(貸) 現　　金　5,000
3．(借) 貯 蔵 品　1,500　(貸) 租税公課　1,500

2）法人税，住民税，事業税

会社は決算で収益，費用の総額を確定，集計し税引前当期純利益が算定されると，その利益に基づき法人税（国税）が算定され，納税する義務を負います。そして，法人税の計算が確定すると，連動して地方税である住民税，事業税が算定され納税義務を負います。

これら利益に基づいて算定される３つの税金はまとめて「**法人税，住民税及び事業税**」，または「**法人税等**」という勘定で処理されます。そして，法人税，住民税及び事業税が算定されることにより，損益計算書案，貸借対照表案が確定し，株主総会で承認を受けることになります。

収 益 － 費 用 ＝ 税引前当期純利益
税引前当期純利益 × 税率 ＝ 法人税，住民税及び事業税（法人税等）

【仕訳のポイント①】

◇法人税，住民税及び事業税の仕訳①

収益，費用の総額の確定，利益に基づき算定されたとき：

（借）法人税，住民税及び事業税 XXX （貸）未払法人税等 XXX

法人税等を現金で納税したとき：

（借）未払法人税等 XXX （貸）現 金 XXX

例題１ 次の取引の仕訳を示しなさい。

1．次の資料から，決算における法人税，住民税及び事業税を計算しなさい。

① 決算日における収益，費用の総額

収益総額 ¥5,000,000 費用総額 ¥3,000,000

② 税引前当期純利益に対する法人税，住民税及び事業税の税率 30％

借方科目	金 額	貸方科目	金 額

2．1．で算定された法人税等を現金で納税した。

借方科目	金 額	貸方科目	金 額

解答・解説

1．（借）法人税，住民税及び事業税 600,000 （貸）未払法人税等 600,000

¥5,000,000－¥3,000,000＝税引前当期純利益¥2,000,000

¥2,000,000×税率30％＝法人税，住民税及び地方税¥600,000

2．（借）未払法人税等 600,000 （貸）現 金 600,000

法人税，住民税及び事業税は，決算日後2カ月以内に確定申告を行い納付しなければなりません。そして，前年の税額が一定以上であるときは，中間納付をしなければなりません。すなわち，前年度の決算日から6カ月を経過する日後2カ月以内に，中間申告により中間納税を行います。中間納税額は中間申告の税引前中間純利益に基づく税額または前年の税額の2分の1が納税されます。この税額は年間税額の前払いであり，仮払法人税等勘定で処理されます。そして，決算が確定して計算された年間税額から中間納税額が控除されます。

【仕訳のポイント②】

◇法人税，住民税及び事業税の仕訳②

法人税，住民税及び事業税を現金で中間払いしたとき：

（借）	仮払法人税等	XXX	（貸）	現　　金	XXX

決算で法人税，住民税及び事業税を確定したとき：

（借）	法人税，住民税及び事業税	XXX	（貸）	仮払法人税等	XXX
				未払法人税等	XXX

例題2　次の一連の取引の仕訳を示しなさい。

1．中間申告により中間納税額¥250,000を現金で支払った。

借方科目	金　額	貸方科目	金　額

2．税引前当期純利益が¥2,500,000と算定され，税率30%として税額が確定した。

借方科目	金　額	貸方科目	金　額

解答・解説

1．（借）	仮払法人税等	250,000	（貸）	現　　金	250,000
2．（借）	法人税，住民税及び事業税	750,000	（貸）	仮払法人税等	250,000
				未払法人税等	500,000

税引前当期純利益¥2,500,000×30%＝¥750,000

問 題 次の取引の仕訳を示しなさい。

1．次の資料に基づき，X3年度（決算日X3年12月31日）における，法人税，住民税及び事業税を計上する。なお，X3年度中に中間申告を行い，￥500,000の税額を納付している。

収益総額 ￥10,000,000 費用総額 ￥6,000,000

税引前当期純利益に対する税率30％

2．X3年12月28日 確定申告を行い，納付すべき税額を現金で納付した。

3．X4年6月25日に中間申告を行い，前年度の税額の2分の1を現金で納税した。

	借方科目	金 額	貸方科目	金 額
1．				
2．				
3．				

解 答

1．	（借）	法人税，住民税及び事業税	1,200,000	（貸）	仮払法人税等	500,000
					未払法人税等	700,000
2．	（借）	未払法人税等	700,000	（貸）	現　　金	700,000
3．	（借）	仮払法人税等	600,000	（貸）	現　　金	600,000

3）消費税

消費税は，最終的には消費者が負担する税金ですが，次のように，各段階の取引に課税されます。

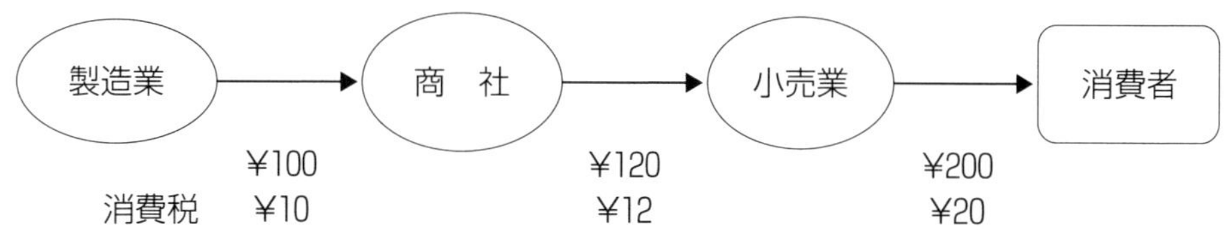

すなわち，小売業は販売価格￥200円に消費税￥20（10％）を加えて消費者から入金します。一方，商社には，購入価格￥120円に消費税￥12（10％）を加えて支払います。そして，小売業は，預かった消費税￥20から支払った消費税￥12を差し引いた￥8を納税します。商社は￥2を納税します。課税期間が消費税の納税規模により決められており，課税期間に預かった消費税と支払った消費税の差額を企業は納税します。

＜消費税の仕組み＞

企業は商品の販売にあたり消費税を預かる（**「仮受消費税」**勘定で処理）

企業は商品の購入にあたり消費税を支払う（**「仮払消費税」**勘定で処理）

消費税納税額　＝　仮受消費税　－　仮払消費税

（企業は消費税の納税義務者）

預かった消費税を「仮受消費税」勘定，支払った消費税を「仮払消費税」勘定で処理することにより，消費税の税額は費用となりません。このような処理を税抜経理といいます。

【仕訳のポイント】

◇消費税の仕訳

商品を仕入れたとき（掛仕入）：

（借）	仕　　入	XXX	（貸）	買 掛 金	XXX
	仮払消費税	XXX			

商品を売り上げたとき（掛売上）：

（借）	売 掛 金	XXX	（貸）	売　　上	XXX
				仮受消費税	XXX

決算で消費税納税額が確定したとき：

（借）	仮受消費税	XXX	（貸）	仮払消費税	XXX
				未払消費税	XXX

消費税を現金で納税したとき：

（借）	未払消費税	XXX	（貸）	現　　金	XXX

例　題　次の一連の取引の仕訳を示しなさい（商品に関する勘定は３分法による）。

1．商品￥500,000を仕入，代金は消費税10％とともに小切手を振り出して支払った。

2．上記商品を￥800,000で売り上げ，代金は消費税10％とともに掛けとした。

3．決算にあたり取引は上記1．2．のみとし，納付すべき消費税を確定させた。

4．上記の消費税の確定申告を行い，普通預金から支払った。

	借方科目	金　額	貸方科目	金　額
1．				
2．				

3．				
4．				

解　答

1．(借) 仕　　入 500,000 (貸) 当座預金 550,000
　　　 仮払消費税 50,000
2．(借) 売 掛 金 880,000 (貸) 売　　上 800,000
　　　　　　　　　　　　　　 仮受消費税 80,000
3．(借) 仮受消費税 80,000 (貸) 仮払消費税 50,000
　　　　　　　　　　　　　　 未払消費税 30,000
4．(借) 未払消費税 30,000 (貸) 普通預金 30,000

問　題　次の一連の取引の仕訳を示しなさい（商品に関する勘定は3分法による）。

1．商品¥600,000を仕入，代金は消費税10%とともに掛けとした。
2．上記商品を¥1,000,000で売上げ，代金は消費税10%とともに掛けとした。
3．運賃¥10,000を消費税10%とともに現金で支払った。
4．決算にあたり取引は上記1．2．3．のみとし，納付すべき消費税を確定させた。
5．上記の消費税の確定申告を行い，普通預金から支払った。

	借方科目	金　額	貸方科目	金　額
1．				
2．				
3．				
4．				
5．				

解　答

1．(借)	仕　　入	600,000	(貸)	買 掛 金	660,000
	仮払消費税	60,000			
2．(借)	売 掛 金	1,100,000	(貸)	売　　上	1,000,000
				仮受消費税	100,000
3．(借)	運　　賃	10,000	(貸)	現　　金	11,000
	仮払消費税	1,000			
4．(借)	仮受消費税	100,000	(貸)	仮払消費税	61,000
				未払消費税	39,000
5．(借)	未払消費税	39,000	(貸)	普通預金	39,000

2－9 伝　票

1）伝　票

伝票とは，一定の形式にしたがって取引内容が記入できるようになっている紙片をいいます。一冊の仕訳帳では仕事（仕訳）の分業ができないので，分業して記帳の能率を向上させるため，仕訳帳の代わりに伝票を用います。

3伝票制は，企業の取引を現金収支の観点から分類して，それぞれ**入金伝票**，**出金伝票**，**振替伝票**の3種類の伝票に記入する制度です。3伝票のひな形は次に示すとおりです。

入金伝票　No. 令和X年　月　日	
科目	金額

出金伝票　No. 令和X年　月　日	
科目	金額

振替伝票　No. 令和X年　月　日			
科目	金額	科目	金額

2）入金伝票・出金伝票・振替伝票

企業で取引があった場合に，取引に応じて入金伝票，出金伝票，振替伝票を起票します。

【起票のポイント】

◇入金取引があったとき：

（借）現　　金　XXX　（貸）売上など　XXX

⇒取引内容を入金伝票に記入

◇出金取引があったとき：

（借）仕入など　XXX　（貸）現　　金　XXX

⇒取引内容を出金伝票に記入

◇現金収支を伴わない取引があったとき：

（借）備品など　XXX　（貸）未払金など　XXX

⇒取引内容を振替伝票に記入

3）一部現金取引の記入方法

商品売買取引の一部を現金で行い，残りを掛けとした場合のように，取引の一部に入出金が含まれる取引を**一部現金取引**といいます。この場合には2枚の伝票に分けて記入しますが，その記入方法には，①**取引を分割する方法**と，②**取引を擬制する方法**があります。

（例）　商品￥10,000を仕入れ，代金のうち￥3,000は現金で支払い，残額は掛けとした。

この取引を仕訳すると，

（借）	仕　　入	10,000	（貸）	現　　金	3,000
				買 掛 金	7,000

となります。

①　取引を分割する方法

例にあげた取引を，

•「商品￥3,000を現金で仕入れた」という取引

•「商品￥7,000を掛けで仕入れた」という取引

の2つの取引に分割します。これを仕訳すると，

（借）	仕　　入	3,000	（貸）	現　　金	3,000	⇒**出金伝票**に記入
（借）	仕　　入	7,000	（貸）	買 掛 金	7,000	⇒**振替伝票**に記入

となります。

②　取引を擬制する方法

例にあげた取引を，

•「商品￥10,000を掛で仕入れた」という取引

•「買掛金のうち￥3,000を現金で支払った」という取引

の2つの取引を擬制します。これを仕訳すると，

（借）	仕　　入	10,000	（貸）	買 掛 金	10,000	⇒**振替伝票**に記入
（借）	買 掛 金	3,000	（貸）	現　　金	3,000	⇒**出金伝票**に記入

となります。

例　題　次の㈱茂原商店の令和X年9月中の取引を下記の略式伝票（3伝票）に記入しなさい（商品に関する勘定は3分法による）。

9月10日　郵便局から収入印紙￥6,000を現金で購入した（No. 30）。

18日　成田商店から事務用机￥300,000を購入し，代金は月末払いとした（No. 15）。

25日　小切手を振り出して，冨里銀行から現金￥200,000を引き出した（No. 18）。

入金伝票 No.	
令和Ｘ年　月　日	
科目	金額

出金伝票 No.	
令和Ｘ年　月　日	
科目	金額

振替伝票 No.			
令和Ｘ年　月　日			
科目	金額	科目	金額

解　答

入金伝票 No. 18	
令和Ｘ年９月25日	
科目	金額
当座預金	200,000

出金伝票 No. 30	
令和Ｘ年９月10日	
科目	金額
租税公課	6,000

振替伝票 No. 15			
令和Ｘ年９月18日			
科目	金額	科目	金額
備品	300,000	未払金	300,000

問　題　次の㈱佐倉商店の取引を「取引を擬制する方法」にて伝票に記入しなさい。使用しない伝票は空欄にしておくこと。

９月30日　白子商店へ商品¥200,000を売り渡し，代金のうち¥100,000は現金で受け取り，残額は掛けとした（伝票番号は記入しなくてよい）。

入金伝票 No.	
令和Ｘ年　月　日	
科目	金額

出金伝票 No.	
令和Ｘ年　月　日	
科目	金額

振替伝票 No.			
令和Ｘ年　月　日			
科目	金額	科目	金額

解　答

入金伝票　No.　令和X年9月30日	
科目	金額
売掛金	100,000

出金伝票　No.　令和X年　月　日	
科目	金額

振替伝票　No.　令和X年9月30日			
科目	金額	科目	金額
売掛金	200,000	売上	200,000

第３部　決　　算

3－1　決算手続

これまで学習してきたように，簿記では，期首の開始記入（この後に学習します）から始まり，期中のさまざまな取引を仕訳帳に仕訳し総勘定元帳に転記して，各勘定の増減の記録を行った上で，期末時点で会計期間ごとの経営成績や期末の財政状態を明らかにします。

そのために，期末に総勘定元帳の記録を整理し，必要な修正手続を行い，帳簿を締め切り（当期の帳簿記入を完了させる手続），損益計算書と貸借対照表を作成します。このような一連の簿記手続を決算といい，決算の行われる日を決算日といいます。

決算手続きを要約すると，次のようになります。

<table>
<tr><td rowspan="2">決算予備手続</td><td>①　試算表の作成</td><td>複式簿記の貸借平均の原理を用いて仕訳が正しく転記されているかを確かめるために，総勘定元帳の各勘定口座の合計額や残高を一表にまとめた集計表として作成されます。試算表には合計試算表，残高試算表，合計残高試算表の3種類があります（1－5　試算表（27頁）をご参照ください）。</td></tr>
<tr><td>②　決算整理手続</td><td>期中取引の記録の金額が実際と異なる場合や，当該会計期間の費用をまとめて把握する場合などに，帳簿の記録を修正する必要があります。この修正手続を決算整理手続といいます。決算手続を行うために，決算整理事項をまとめた棚卸表を作成します。</td></tr>
<tr><td>決算本手続</td><td>③　帳簿の締切り</td><td>当期の帳簿記入（特に元帳）を完了させる手続をいいます。収益・費用の勘定をすべて損益勘定に振り替え，損益勘定で当期純利益を算定します。さらに当期純利益を損益勘定から繰越利益剰余金勘定に振り替えます。
振替えを行う仕訳を決算振替仕訳といいます。
収益，費用の各勘定および損益勘定を締め切ります。次に資産，負債，資本の各勘定残高について，期末残高を「次期繰越」として記入することにより貸借を一致させて勘定の締切りを行います。同時に翌期首の日付けで，残高の繰越記入を行います。これを開始記入といいます。</td></tr>
<tr><td></td><td>④　財務諸表の作成</td><td>すべての帳簿を締め切り，損益計算書と貸借対照表が作成されます。</td></tr>
</table>

3－2　試算表の作成

例題1　中央㈱の決算日現在（令和X年3月31日），決算整理前の総勘定元帳への記入は以下のとおりであった。決算整理前合計残高試算表を作成しなさい。

現　金					
4/1	前期繰越	70,000			140,000
		153,000			155,000
		290,000			

当座預金					
4/1	前期繰越	180,000			140,000
		930,000			650,000

売掛金					
4/1	前期繰越	250,000			550,000
		1,100,000			500,000

貸倒引当金					
			4/1	前期繰越	5,000

繰越商品					
4/1	前期繰越	130,000			

備　品					
		200,000			

建　物					
4/1	前期繰越	2,000,000			

建物減価償却累計額					
			4/1	前期繰越	900,000

土　地					
4/1	前期繰越	1,600,000			

買掛金					
		20,000	4/1	前期繰越	110,000
		850,000			920,000

借入金					
			4/1	前期繰越	750,000
					450,000

資本金					
			4/1	前期繰越	2,000,000

利益準備金					
			4/1	前期繰越	50,000
					18,000

繰越利益剰余金					
		198,000	4/1	前期繰越	215,000

売　上					
					780,000
					950,000
					870,000

仕　入					
		650,000			20,000
		620,000			
		450,000			

支払家賃					
		220,000			

保険料					
		36,000			

給　　料	
196,000	

支払利息	
30,000	

決算整理前合計残高試算表

借方残高	借方合計	勘定科目	貸方合計	貸方残高
		現金		
		当座預金		
		売掛金		
		貸倒引当金		
		繰越商品		
		備品		
		建物		
		建物減価償却累計額		
		土地		
		買掛金		
		借入金		
		資本金		
		利益準備金		
		繰越利益剰余金		
		売上		
		仕入		
		支払家賃		
		保険料		
		給料		
		支払利息		

解答

決算整理前合計残高試算表

借方残高	借方合計	勘定科目	貸方合計	貸方残高
218,000	513,000	現金	295,000	
320,000	1,110,000	当座預金	790,000	
300,000	1,350,000	売掛金	1,050,000	
		貸倒引当金	5,000	5,000
130,000	130,000	繰越商品		
200,000	200,000	備品		
2,000,000	2,000,000	建物		
		建物減価償却累計額	900,000	900,000
1,600,000	1,600,000	土地		
	870,000	買掛金	1,030,000	160,000
		借入金	1,200,000	1,200,000
		資本金	2,000,000	2,000,000
		利益準備金	68,000	68,000
	198,000	繰越利益剰余金	215,000	17,000
		売上	2,600,000	2,600,000
1,700,000	1,720,000	仕入	20,000	
220,000	220,000	支払家賃		
36,000	36,000	保険料		
196,000	196,000	給料		
30,000	30,000	支払利息		
6,950,000	10,173,000		10,173,000	6,950,000

解説

合計残高試算表は，合計試算表と残高試算表をあわせて１つの表にまとめたものです。合計試算表は各勘定ごとに借方合計と貸方合計を集計し，残高試算表では各勘定ごとの借方残高あるいは貸方残高を集計します。

3－3 決算整理事項

1）決算整理仕訳①―売上原価―

売上原価とは，商品やサービスを仕入れたり，製造したりする時にかかる費用をいいます。売上原価の計算は，前期の売れ残り（前期期末分）と当期に仕入れた分を合算し，そこから期末に売れ残った在庫を差し引くことによって求められます。つまり，当期に売れた商品分だけの原価を売上原価といいます。

売上原価の計算式

売上原価＝期首商品棚卸高＋当期商品仕入高－期末商品棚卸高

【仕訳のポイント】

◇商品棚卸に関する決算整理仕訳

期首商品分：(借) 仕　　入　XXX　(貸) 繰越商品　XXX

期末商品分：(借) 繰越商品　XXX　(貸) 仕　　入　XXX

例　題　以下に示す残高試算表の繰越商品￥5,000は，前期末の売れ残りを示し，仕入￥20,000は，当期の仕入商品を示している。期末商品が￥3,000売れ残っているとした場合の仕訳を示しなさい（決算日は3/31日）。

残高試算表

繰越商品	5,000	
仕　　入	20,000	

借方科目	金　額	貸方科目	金　額

解　答

(借) 仕　　入　5,000　(貸) 繰越商品　5,000

(借) 繰越商品　3,000　(貸) 仕　　入　3,000

問　題　以下に示す残高試算表の繰越商品￥8,000は前期末の売残りを示し，仕入￥50,000は，当期の仕入商品を示している。期末商品が￥5,000売れ残っているとした場合の仕訳を示しなさい（決算日は3/31日）。

残高試算表

繰越商品	8,000	
仕　　入	50,000	

借方科目	金　額	貸方科目	金　額

解　答

3/31（借）仕　　入　8,000　（貸）繰越商品　8,000
　　　　繰越商品　5,000　　　　仕　　入　5,000

2）決算整理仕訳②—貸倒損失・貸倒引当金—・★

貸倒引当金とは，売掛金・受取手形などの債権について貸倒れが見込まれるときに，貸倒れに備えて，決算においてあらかじめ貸倒見積額を当期の費用として計上する場合の貸方項目をいいます。貸倒引当金を設定していないとき，あるいは貸倒引当金の貸倒見積額が不足している状態で，売掛金・受取手形などの債権が回収できないときには，「貸倒損失」勘定を用います。

【仕訳のポイント】

◇貸倒損失の仕訳：（借）貸倒損失　XXX　（貸）売掛金または受取手形　XXX

例　題　得意先広川商店が倒産し，売掛金￥40,000円が貸し倒れた場合の仕訳を示しなさい。なお，当社は貸倒引当金を設定していない。

借方科目	金　額	貸方科目	金　額

解　答

（借）貸倒損失　40,000　（貸）売 掛 金　40,000

【仕訳のポイント】

◇貸倒引当金の仕訳：(借) 貸倒引当金繰入 XXX (貸) 貸倒引当金 XXX

例 題 第1期の決算にあたり，売掛金¥1,000,000の3％を貸倒引当金としてはじめて設定することとした。仕訳を示しなさい。

借方科目	金 額	貸方科目	金 額

解 答

(借) 貸倒引当金繰入 30,000 (貸) 貸倒引当金 30,000

【仕訳のポイント】

◇翌期の処理(1)―貸倒引当金設定ありの場合

貸倒発生時：(借) 貸倒引当金 XXX (貸) 売掛金または受取手形 XXX

例 題 第2期の期中において得意先黒木商店が倒産し，売掛金¥5,000が貸し倒れた。仕訳を示しなさい。なお，貸倒引当金が現在，¥50,000ある。

借方科目	金 額	貸方科目	金 額

解 答

(借) 貸倒引当金 5,000 (貸) 売 掛 金 5,000

【仕訳のポイント】

◇翌期の処理(2)―貸倒引当金を設定しているが不足している場合

貸倒発生時：(借) 貸倒引当金 XXX (貸) 売掛金または受取手形 XXX

貸 倒 損 失 XXX

例　題　第２期の期中において得意先早川商店が倒産し，売掛金￥70,000が貸し倒れた。仕訳を示しなさい。なお，貸倒引当金が現在，￥45,000ある。

借方科目	金　額	貸方科目	金　額

解　答

（借）　貸倒引当金　　45,000　　（貸）　売　掛　金　　70,000
　　　　貸 倒 損 失　　25,000

●貸倒引当金の見積り（差額補充法）

貸倒見積額＞貸倒引当金残高のケース：

（売掛金・受取手形の期末残高×設定率％）－貸倒引当金残高＝貸倒引当金繰入〔費用〕
（貸倒見積額）

貸倒見積額＜貸倒引当金残高のケース：

貸倒引当金残高－（売掛金・受取手形の期末残高×設定率％）＝貸倒引当金戻入〔収益〕
（貸倒見積額）

例　題　第３期の期末時において，売掛金残高￥1,000,000に対して，２％の貸し倒れを差額補充法により計上する。仕訳を示しなさい。なお貸倒引当金の残高は￥15,000ある。

借方科目	金　額	貸方科目	金　額

解　答

（借）　貸倒引当金繰入　　5,000　　（貸）　貸倒引当金　　5,000

例　題　第４期の期末時において，売掛金残高￥900,000に対して，２％の貸し倒れを差額補充法により計上する。仕訳を示しなさい。なお，貸倒引当金の残高は￥25,000ある。

借方科目	金　額	貸方科目	金　額

解　答

（借）貸倒引当金　7,000　（貸）貸倒引当金戻入　7,000

問　題　以下の仕訳を示しなさい。

1．得意先河野商店が倒産し，売掛金￥800,000が貸し倒れた。なお，当社は貸倒引当金を設定していない。
2．第１期の決算にあたり，売掛金￥2,000,000の２％を貸倒引当金としてはじめて設定することとした。
3．第２期の期中において得意先黒川商店が倒産し，売掛金￥20,000が貸し倒れた。なお，貸倒引当金が現在，￥40,000ある。
4．第２期の期中において得意先九参商店が倒産し，売掛金￥100,000が貸し倒れた。なお，貸倒引当金が現在，￥20,000ある。
5．第３期の期末時において，売掛金残高￥500,000に対して，２％の貸し倒れを差額補充法により計上する。なお貸倒引当金の残高は￥2,000ある。
6．第４期の期末時において，売掛金残高￥750,000に対して，２％の貸し倒れを差額補充法により計上する。なお貸倒引当金の残高は￥28,000ある。

	借方科目	金　額	貸方科目	金　額
1．				
2．				
3．				
4．				
5．				
6．				

解　答

1．（借）貸倒損失　800,000　（貸）売掛金　800,000
2．（借）貸倒引当金繰入　40,000　（貸）貸倒引当金　40,000
3．（借）貸倒引当金　20,000　（貸）売掛金　20,000
4．（借）貸倒引当金　20,000　（貸）売掛金　100,000
　　　　貸倒損失　80,000
5．（借）貸倒引当金繰入　8,000　（貸）貸倒引当金　8,000
6．（借）貸倒引当金　13,000　（貸）貸倒引当金戻入　13,000

3）決算整理仕訳③―減価償却の計算・有形固定資産の売却―・――――――★

有形固定資産（建物，備品，車両運搬具など）は，時の経過に伴って，その固定資産の価値が減少します。減価償却とは，その価値の減少を考慮して，その有形固定資産の使用可能期間にわたって，取得原価を各期に費用配分する処理をいいます。

<減価償却計算の三要素>

① 取得原価……固定資産の購入代金＋付随費用（→固定資産を買った金額）

② 耐用年数……どのくらい使用できるかの利用年数

③ 残存価額……耐用年数まで使用した後に残る処分見込み額。通常，取得原価の10％もしくは0％。

●減価償却費の計算（定額法）

$$減価償却費=\frac{取得原価-残存価額}{耐用年数}$$

定額法は，毎期均等額の減価償却を計上する方法をいい，他には定率法があります（本書では扱いません）。

●減価償却の仕訳（間接法）

当期の**「減価償却費」（費用）**を借方に記入し，貸方には減価償却費相当額を当該固定資産勘定からマイナスせずに，**「減価償却累計額」（資産のマイナス）**と記入します。減価償却累計額勘定は評価勘定なので，毎年，減価償却することにより，減価償却累計額の金額が増えることになります。他には直接法があります（本書では扱いません）。

減価償却費計上時：（借）　減価償却費　　XXX　　（貸）　減価償却累計額　　XXX

例　題　以下の仕訳を示しなさい。

1．決算にあたり，当期首に取得した建物（取得原価¥1,200,000　耐用年数30年　残存価額ゼロ　定額法）について減価償却の決算整理を行った。

借方科目	金　額	貸方科目	金　額

2．決算にあたり，当期首に取得した備品（取得原価¥1,000,000　耐用年数５年　残存価額ゼロ　定額法）について減価償却を行った。

借方科目	金　額	貸方科目	金　額

3．備品（取得原価：￥145,000　残存価額：取得原価の10%　耐用年数6年　定額法）の減価償却を計算し，仕訳をしなさい。

借方科目	金　　額	貸方科目	金　　額

4．備品（取得原価￥800,000　減価償却累計額￥160,000）を￥400,000で売却し，代金は現金で受け取った。

借方科目	金　　額	貸方科目	金　　額

5．建物（取得原価￥5,000,000　減価償却累計額￥1,000,000）を￥4,500,000で売却し，代金は小切手で受け取り，ただちに当座預金とした。

借方科目	金　　額	貸方科目	金　　額

6．営業用の自動車を￥1,500,000で購入し，代金のうち￥500,000は現金で支払い，残額は後日支払うこととした。

借方科目	金　　額	貸方科目	金　　額

解　答

1．（借）	減価償却費	40,000	（貸）	建物減価償却累計額	40,000
2．（借）	減価償却費	200,000	（貸）	備品減価償却累計額	200,000
3．（借）	減価償却費	21,750	（貸）	備品減価償却累計額	21,750
4．（借）	現　　金	400,000	（貸）	備　　品	800,000
	備品減価償却累計額	160,000			
	固定資産売却損	240,000			

5．（借）	当座預金	4,500,000	（貸）	建　物	5,000,000
	建物減価償却累計額	1,000,000		固定資産売却益	500,000
6．（借）	車　両	1,500,000	（貸）	現　金	500,000
				未払金	1,000,000

問　題　以下の仕訳を示しなさい。

1．決算にあたり，当期首に取得した車両（取得原価¥2,200,000　耐用年数5年　残存価額ゼロ　定額法）について減価償却の決算整理を行った。

2．決算にあたり，当期首に取得した備品（取得原価¥4,000,000　耐用年数5年　残存価額ゼロ　定額法）について減価償却を行った。

3．備品（取得原価¥200,000　残存価額取得原価の10%　耐用年数6年　定額法）の減価償却を計算し，仕訳をしなさい。

4．備品（取得原価¥1,000,000　減価償却累計額¥200,000）を¥500,000で売却し，代金は現金で受け取った。

5．建物（取得原価¥15,000,000　減価償却累計額¥1,000,000）を¥18,000,000で売却し，代金は小切手で受け取り，ただちに当座預金とした。

6．営業用の自動車を¥3,500,000で購入し，代金のうち¥800,000は現金で支払い，残額は後日支払うこととした。

	借方科目	金　額	貸方科目	金　額
1．				
2．				
3．				
4．				
5．				
6．				

解　答

1.（借）	減価償却費	440,000	（貸）	車両減価償却累計額	440,000
2.（借）	減価償却費	800,000	（貸）	備品減価償却累計額	800,000
3.（借）	減価償却費	30,000	（貸）	備品減価償却累計額	30,000
4.（借）	現　　金	500,000	（貸）	備　　品	1,000,000
	備品減価償却累計額	200,000			
	固定資産売却損	300,000			
5.（借）	当座預金	18,000,000	（貸）	建　　物	15,000,000
	建物減価償却累計額	1,000,000		固定資産売却益	4,000,000
6.（借）	車　　両	3,500,000	（貸）	現　　金	800,000
				未払金	2,700,000

4）決算整理仕訳④—費用・収益の前払いと前受け・未払いと未収—　★

費用・収益の中には，契約によって期を超えて継続的にサービスの授受が行われるもの，たとえば支払家賃・受取家賃，支払利息・受取利息，給料，保険料などがあります。これらは会計期間中の支出や収入に基づいて記録されていますが，期末までに記録された金額は，必ずしも当期に属する費用・収益の金額を示していません。したがって，当期の純損益を正しく計算するために，決算において費用・収益の金額を修正する手続きを行う必要があります。

①　費用・収益の前払いと前受け

⒜　費用の前払い

当期中に費用としての支出があった場合でも，その中に次期以降に属する分（前払分）があるときには，当期の支払額としては過剰な分なので，その金額を当該費用勘定から差し引きます。また，その金額は，次期以降の費用についてすでに支払った対価を示すので，**「前払費用」**勘定として資産に計上します。

なお，前払費用は次期期首に再度，当該費用勘定に振替えます。この仕訳を再振替仕訳といいます。

例　題　以下の仕訳を示しなさい。

令和X1年9月1日　向こう1年分の火災保険料￥240,000を現金で支払った。

令和X2年3月31日　決算にあたり，上記火災保険料の前払分を次期に繰延べた。なお，会計期間は4月1日から3月31日までの1年とする。

4月1日　前払保険料の再振替を行った。

日付	借方科目	金　　額	貸方科目	金　　額
9月1日				
3月31日				
4月1日				

解　答

9/ 1　(借)　保　険　料　240,000　(貸)　現　　　金　240,000
3/31　(借)　前払保険料　100,000　(貸)　保　険　料　100,000
4/ 1　(借)　保　険　料　100,000　(貸)　前払保険料　100,000

(b)　収益の前受け

当期中に収益としての収入があった場合でも，その中に次期以降に属する分（前受分）があるときには，当期の受取額としては過剰な分なので，その金額を当該収益勘定から差し引きます。また，その金額は，次期以降の収益についてすでに受取った対価を示すので，**「前受収益」**勘定として負債に計上します。

なお，前受収益は次期期首に再度，当該収益勘定に振替えます。

例　題　以下の仕訳を示しなさい。

令和X1年7月1日　向こう1年分の地代¥360,000を現金で受取った。
令和X2年3月31日　決算にあたり，上記地代の前受分を次期に繰延べた。なお，会計期間は4月1日から3月31日までの1年とする。
　　　　4月1日　前受地代の再振替を行った。

日付	借方科目	金　　額	貸方科目	金　　額
7月1日				
3月31日				
4月1日				

解　答

7/ 1　(借)　現　　　金　360,000　(貸)　受 取 地 代　360,000
3/31　(借)　受 取 地 代　90,000　(貸)　前 受 地 代　90,000
4/ 1　(借)　前 受 地 代　90,000　(貸)　受 取 地 代　90,000

② 費用・収益の未払いと未収

(a) 費用の未払い

当期中に支出がなかった場合でも，当期に属する費用が発生しているときは，当期費用の過少な分の追加計上として，その金額を当該費用に加えます。また，その金額は，次期に支払う対価を示すので，**「未払費用」**勘定として負債に計上します。

例　題　以下の仕訳を示しなさい。

令和X1年3月31日，決算にあたり，家賃の未払分を計上した。毎月の家賃は¥100,000であり，令和X1年2月分からの2か月分が未払いとなっている。なお，会計期間は4月1日から3月31日までの1年とする。

令和X1年4月1日，未払家賃の再振替を行った。

日付	借方科目	金　額	貸方科目	金　額
3月31日				
4月1日				

解　答

3/31　(借)　支 払 家 賃　200,000　(貸)　未 払 家 賃　200,000
4/ 1　(借)　未 払 家 賃　200,000　(貸)　支 払 家 賃　200,000

(b) 収益の未収

当期中に収入がなかった場合でも，当期に属する収益が発生しているときは，当期収益の過少な分の追加計上として，その金額を当該収益に加えます。また，その金額は，次期に受取る対価を示すので，**「未収収益」**勘定として資産に計上します。

例　題　以下の仕訳を示しなさい。

令和X1年3月31日，決算にあたり，貸付金利息の未収分を計上した。貸付金は当期9月1日に期間1年，利率年3％で¥2,000,000を貸付けたもので，利息は返済期日に元金とともに一括して受取ることになっている。なお，会計期間は4月1日から3月31日までの1年とする。

令和X1年4月1日　未収利息の再振替を行った。

日付	借方科目	金　額	貸方科目	金　額
3月31日				
4月1日				

解　答

3/31　(借)　未収利息　35,000　(貸)　受取利息　35,000
4/ 1　(借)　受取利息　35,000　(貸)　未収利息　35,000

【仕訳のポイント（費用・収益の前払いと前受け・未払いと未収）】

資産として	負債として
前払費用（当該費用勘定から差し引く）	前受収益（当該収益勘定から差し引く）
未収収益（当該収益勘定に追加する）	未払費用（当該費用勘定に追加する）

5）決算整理仕訳⑤—貯蔵品— ★

期中に購入した葉書きや切手は「通信費」勘定，収入印紙は「租税公課」勘定として費用に計上されます。しかし，これらが，今年度の期中に使用されずに，来年に繰り越す場合には，費用計上ではなく，「貯蔵品」という資産に計上することになります。なお，貯蔵品は次期期首に再度，当該費用勘定に振替えます。

例　題　以下の仕訳を示しなさい。

1．切手￥3,000と葉書き￥2,000を購入し，代金は現金で支払った。

借方科目	金　額	貸方科目	金　額

2．収入印紙￥10,000を購入し，代金は現金で支払った。

借方科目	金　額	貸方科目	金　額

3．期末において，未使用の切手が￥500あった。

借方科目	金　額	貸方科目	金　額

4．期末において，未使用の収入印紙が￥1,000あった。

借方科目	金　額	貸方科目	金　額

5．期首において未使用の切手￥500を適切な費用の勘定へ再振替の仕訳を行った。

借方科目	金　額	貸方科目	金　額

6．期首において未使用の収入印紙￥1,000を適切な費用の勘定へ再振替の仕訳を行った。

借方科目	金　額	貸方科目	金　額

解　答

1．（借）通信費　5,000　（貸）現金　5,000
2．（借）租税公課　10,000　（貸）現金　10,000
3．（借）貯蔵品　500　（貸）通信費　500
4．（借）貯蔵品　1,000　（貸）租税公課　1,000
5．（借）通信費　500　（貸）貯蔵品　500
6．（借）租税公課　1,000　（貸）貯蔵品　1,000

問　題　以下の仕訳を示しなさい。

1．切手￥8,000と葉書き￥5,000を購入し，代金は現金で支払った。
2．収入印紙￥50,000を購入し，代金は現金で支払った。
3．期末において，未使用の切手が￥2,000あった。
4．期末において，未使用の収入印紙が￥10,000あった。
5．期首において未使用の切手￥2,000を適切な費用の勘定へ再振替の仕訳を行った。
6．期首において未使用の収入印紙￥10,000を適切な費用の勘定へ再振替の仕訳を行った。

	借方科目	金　額	貸方科目	金　額
1．				
2．				
3．				
4．				
5．				
6．				

解　答

1．(借) 通 信 費　13,000　(貸) 現　　金　13,000

2．(借) 租税公課　50,000　(貸) 現　　金　50,000

3．(借) 貯 蔵 品　2,000　(貸) 通 信 費　2,000

4．(借) 貯 蔵 品　10,000　(貸) 租税公課　10,000

5．(借) 通 信 費　2,000　(貸) 貯 蔵 品　2,000

6．(借) 租税公課　10,000　(貸) 貯 蔵 品　10,000

3－4　精算表の作成

決算整理前の残高試算表から，決算整理を行い，損益計算書と貸借対照表を作成する過程を一表で示したものを，「精算表」といいます。ここでは8桁精算表を学習します。

精算表を作成する目的は，決算手続の妥当性を検証することにあり，いわば決算の予行演習を行っているといえます。精算表の記入方法は次のとおりです。

① 決算整理前残高試算表の勘定科目と金額を精算表の勘定科目欄と試算表欄に記入します。

② 決算整理事項に基づき，決算整理仕訳を修正記入欄に記入し，また，決算整理で新たに生じた勘定科目を勘定科目欄に記入します。

③ 資産・負債・資本の勘定は試算表欄の金額に，修正記入欄の金額を加減して，貸借対照表欄に，収益・費用の勘定は同様にして損益計算書欄に記入します。

ⅰ）借方同士・貸方同士は加算

ⅱ）貸借逆のものは減算して，残高があるほうに記入（勘定記入をイメージ）

下記の精算表のイメージ図には修正記入欄に記入した金額に，学習の便宜上，（＋）（－）の記号を振っています。

④ 損益計算書の借方合計額（費用合計）と貸方合計額（収益合計）を算出し，差額から当期純利益（純損失）を計算し，純利益（純損失）の場合には差額を損益計算書欄の借方（貸方）に記入します。当期純利益は，繰越利益剰余金の増加なので，貸借対照表欄の貸方にその金額を記入し，純損失の場合にはその逆に借方記入します。損益計算書欄・貸借対照表欄それぞれの貸借合計額が一致していることを確認します。

精　算　表

勘定科目	試算表		修正記入		損益計算書		貸借対照表	
	借　方	貸　方	借　方	貸　方	借　方	貸　方	借　方	貸　方
繰越商品	130		(＋)120	(－)130	→	→	120	
減価償却累計額		30		(＋) 30	→	→	→	60
仕　　入	900		(＋)130	(－)120	910			
保険料	12			(－) 5	7			
当期純利益					16			16
			370	370	1,160	1,160	963	963

一致　　一致

例題２　3－2の【例題1】(113頁) の決算整理前残高試算表の金額および次の資料に基づいて，精算表を作成しなさい。決算日はX2年3月31日とする。

[決算整理事項]

1．売掛金期末残高の4％を貸倒引当金として設定する。

2．備品と建物の減価償却を行う。

備品：X1年7月1日取得　　減価償却方法：定額法

(残存価額￥0　　耐用年数5年　　減価償却費の計算は月割計算を行う)

建物：減価償却方法：定額法 (残存価額：得原価の10%，耐用年数：30年)

3．期末商品棚卸高は次のとおりである。なお，売上原価の計算は「仕入」の行で行う。

棚卸数量　300個　　原価　@￥500

4．保険料はX1年9月1日に向こう1年分を支払っている。

5．支払利息￥10,000が未払いである。

6．法人税，住民税及び事業税を￥140,000計上する。

精 算 表

勘定科目	試算表		修正記入		損益計算書		貸借対照表	
	借 方	貸 方	借 方	貸 方	借 方	貸 方	借 方	貸 方
現 金	218,000							
当 座 預 金	320,000							
売 掛 金	300,000							
貸 倒 引 当 金		5,000						
繰 越 商 品	130,000							
備 品	200,000							
建 物	2,000,000							
建物減価償却累計額		900,000						
土 地	1,600,000							
買 掛 金		160,000						
借 入 金		1,200,000						
資 本 金		2,000,000						
利 益 準 備 金		68,000						
繰越利益剰余金		17,000						
売 上		2,600,000						
仕 入	1,700,000							
支 払 家 賃	220,000							
保 険 料	36,000							
給 料	196,000							
支 払 利 息	30,000							
	6,950,000	6,950,000						
貸倒引当金（ ）								
減 価 償 却 費								
備品減価償却累計額								
（ ）保険料								
（ ）利息								
法人税，住民税及び事業税								
未 払 法 人 税 等								
当期（ ）								

解　答

決算整理仕訳は，次のとおりです。（日付欄は，学習の便宜上，例題3で行う転記の貸借記入をわかりやすくするために，決算整理事項の番号を振っておきます。）

〔決算整理仕訳（期末）〕

(1)	(借)	貸倒引当金繰入	7,000	(貸)	貸倒引当金	7,000
(2)	(借)	減価償却費	90,000	(貸)	備品減価償却累計額	30,000
					建物減価償却累計額	60,000
(3)	(借)	仕入	130,000	(貸)	繰越商品	130,000
		繰越商品	150,000	(貸)	仕入	150,000
(4)	(借)	前払保険料	15,000	(貸)	保険料	15,000
(5)	(借)	支払利息	10,000	(貸)	未払利息	10,000
(6)	(借)	法人税，住民税及び事業税	140,000	(貸)	未払法人税等	140,000

精　算　表

勘定科目	試算表		修正記入		損益計算書		貸借対照表	
	借　方	貸　方	借　方	貸　方	借　方	貸　方	借　方	貸　方
現　　金	218,000						218,000	
当座預金	320,000						320,000	
売　掛　金	300,000						300,000	
貸倒引当金		5,000		7,000				12,000
繰越商品	130,000		150,000	130,000			150,000	
備　　品	200,000						200,000	
建　　物	2,000,000						2,000,000	
建物減価償却累計額		900,000		60,000				960,000
土　　地	1,600,000						1,600,000	
買　掛　金		160,000						160,000
借　入　金		1,200,000						1,200,000
資　本　金		2,000,000						2,000,000
利益準備金		68,000						68,000
繰越利益剰余金		17,000						17,000
売　　上		2,600,000				2,600,000		
仕　　入	1,700,000		130,000	150,000	1,680,000			
支払家賃	220,000				220,000			
保　険　料	36,000			15,000	21,000			
給　　料	196,000				196,000			
支払利息	30,000		10,000		40,000			
	6,950,000	6,950,000						
貸倒引当金（繰入）			7,000		7,000			
減価償却費			90,000		90,000			
備品減価償却累計額				30,000				30,000
（前払）保険料			15,000				15,000	
（未払）利息				10,000				10,000
法人税，住民税及び事業税			140,000		140,000			
未払法人税等				140,000				140,000
当期（純利益）					206,000			206,000
			542,000	542,000	2,600,000	2,600,000	4,803,000	4,803,000

3－5 帳簿の締切り

帳簿の締切りの手続は，①収益と費用の勘定（および損益勘定）を締め切る手続と②資産，負債および純資産の勘定を締め切る手続に大きく分けられます。①では，決算整理が終了した後，総勘定元帳に「損益」勘定を設け，収益と費用の勘定を振り替えます〔下記(7)および(8)に示した決算振替仕訳およびその転記〕。次に損益勘定の残高を繰越利益剰余金勘定に振り替えます〔下記(9)の決算振替仕訳およびその転記〕。

図示すると，次のようになります。

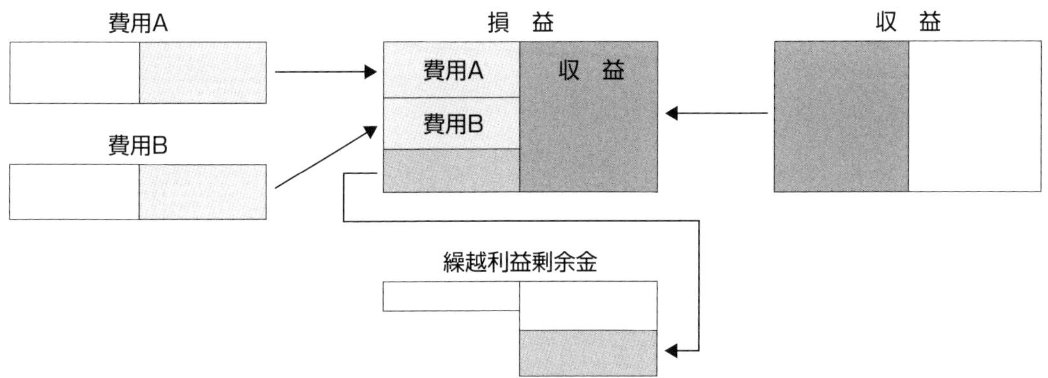

収益，費用と損益の勘定は借方，貸方同額となり，当該会計期間のすべての記入が終了し，締め切ります（合計額の下に二重線を引きます)。

②について，貸借対照表の各勘定の貸借の差額を埋めるように，残高がある側とは逆に「次期繰越」と朱記し，貸借の合計額を一致させます。資産勘定を例にとれば，資産は借方プラスなので借方残高が生じ，締切りにあたっては貸方に「次期繰越」と記入することになります。また，翌期の記帳の出発点となる貸借対照表の各勘定の期首残高（期末残高と一致）を，「前期繰越」と記入します。これを開始記入といいます。

次期の期首では，前年度から繰越された前払費用，未収収益，未払費用および前受収益の各勘定を，決算で行った仕訳とは貸借逆の仕訳を行い，収益，費用の勘定へ戻す手続きを行います。このための仕訳を，「再振替仕訳」といいます。

例題３　【例題２】の決算整理仕訳を転記し，決算振替仕訳を行い転記した上で，各勘定を締め切ること。また，開始記入を行い，再振替仕訳を示し転記すること。

現　金

日付	摘要	借方	日付	摘要	貸方
4/1	前期繰越	70,000			140,000
		153,000			155,000
		290,000			

当座預金

日付	摘要	借方	日付	摘要	貸方
4/1	前期繰越	180,000			140,000
		930,000			650,000

売掛金

日付	摘要	借方	日付	摘要	貸方
4/1	前期繰越	250,000			550,000
		1,100,000			500,000

貸倒引当金

日付	摘要	借方	日付	摘要	貸方
			4/1	前期繰越	5,000

繰越商品

日付	摘要	借方	日付	摘要	貸方
4/1	前期繰越	130,000			

備　品

日付	摘要	借方	日付	摘要	貸方
		200,000			

建　物

日付	摘要	借方	日付	摘要	貸方
4/1	前期繰越	2,000,000			

建物減価償却累計額

日付	摘要	借方	日付	摘要	貸方
			4/1	前期繰越	900,000

土　地

日付	摘要	借方	日付	摘要	貸方
4/1	前期繰越	1,600,000			

買掛金

日付	摘要	借方	日付	摘要	貸方
		20,000	4/1	前期繰越	110,000
		850,000			920,000

借入金

日付	摘要	借方	日付	摘要	貸方
			4/1	前期繰越	750,000
					450,000

資本金

日付	摘要	借方	日付	摘要	貸方
			4/1	前期繰越	2,000,000

利益準備金

日付	摘要	借方	日付	摘要	貸方
			4/1	前期繰越	50,000
					18,000

繰越利益剰余金

日付	摘要	借方	日付	摘要	貸方
		198,000	4/1	前期繰越	215,000

売　　上

借方	貸方
	780,000
	950,000
	870,000

仕　　入

借方	貸方
650,000	20,000
620,000	
450,000	

支 払 家 賃

借方	貸方
220,000	

保　険　料

借方	貸方
36,000	

給　　料

借方	貸方
196,000	

支 払 利 息

借方	貸方
30,000	

貸倒引当金繰入

借方	貸方

減価償却費

借方	貸方

備品減価償却累計額

借方	貸方

前払保険料

借方	貸方

未 払 利 息

借方	貸方

法人税，住民税及び事業税

借方	貸方

未払法人税等

借方	貸方

損　　益

借方	貸方

解　答

（日付欄は，学習の便宜上，**【例題2】**に引き続き，転記の貸借記入をわかりやすくするために，決算振替仕訳に通し番号を振っておきます。）

〔決算振替仕訳（期末）〕

⑺	（借）	売　　上	2,600,000	（貸）	損　　益	2,600,000
⑻	（借）	損　　益	2,394,000	（貸）	仕　　入	1,680,000
					支払家賃	220,000
					保 険 料	21,000
					給　　料	196,000
					支払利息	40,000
					貸倒引当金繰入	7,000
					減価償却費	90,000
					法人税，住民税及び事業税	140,000
⑼	（借）	損　　益	206,000	（貸）	繰越利益剰余金	206,000

〔再振替仕訳（翌期首）〕

⑽	（借）	保 険 料	15,000	（貸）	前払保険料	15,000
⑾	（借）	未払利息	10,000	（貸）	支払利息	10,000

現　金

4/1	前期繰越	70,000			140,000
		153,000			155,000
		290,000	3/31	次期繰越	218,000
		513,000			513,000
4/1	前期繰越	218,000			

当座預金

4/1	前期繰越	180,000			140,000
		930,000			650,000
			3/31	次期繰越	320,000
		1,110,000			1,110,000
4/1	前期繰越	320,000			

売掛金

4/1	前期繰越	250,000			550,000
		1,100,000			500,000
			3/31	次期繰越	300,000
		1,350,000			1,350,000
4/1	前期繰越	300,0000			

貸倒引当金

3/31	次期繰越	12,000	4/1	前期繰越	5,000
			(1)	貸倒引当金繰入	7,000
		12,000			12,000
			4/1	前期繰越	12,000

繰越商品

4/1	前期繰越	130,000	(3)	仕　入	130,000
(3)	仕　入	150,000	3/31	次期繰越	150,000
		280,000			280,000
4/1	前期繰越	150,000			

備　品

		200,000	3/31	次期繰越	200,000
4/1	前期繰越	200,000			

建　物

4/1	前期繰越	2,000,000	3/31	次期繰越	2,000,000
4/1	前期繰越	2,000,000			

土　地

4/1	前期繰越	1,600,000	3/31	次期繰越	1,600,000
4/1	前期繰越	1,600,000			

借入金

3/31	次期繰越	1,200,000	4/1	前期繰越	750,000
					450,000
		1,200,000			1,200,000
			4/1	前期繰越	1,200,000

利益準備金

3/31	次期繰越	68,000	4/1	前期繰越	50,000
					18,000
		68,000			68,000
			4/1	前期繰越	68,000

売　上

(7)	損　益	2,600,000			780,000
					950,000
					870,000
		2,600,000			2,600,000

支払家賃

		220,000	(8)	損　益	220,000

給　料

		196,000	(8)	損　益	196,000

貸倒引当金繰入

(1)		7,000	(8)	損　益	7,000

建物減価償却累計額

3/31	次期繰越	960,000	4/1	前期繰越	900,000
			(2)	減価償却費	60,000
		960,000			960,000
			4/1	前期繰越	960,000

買掛金

		20,000	4/1	前期繰越	110,000
		850,000			920,000
3/31	次期繰越	160,000			
		1,030,000			1,030,000
			4/1	前期繰越	160,000

資本金

3/31	次期繰越	2,000,000	4/1	前期繰越	2,000,000
			4/1	前期繰越	2,000,000

繰越利益剰余金

		198,000	4/1	前期繰越	215,000
3/31	次期繰越	223,000	(9)	損　益	206,000
		421,000			421,000
			4/1	前期繰越	223,000

仕　入

		650,000			20,000
		620,000	(3)	繰越商品	150,000
		450,000	(8)	損　益	1,680,000
(3)	繰越商品	130,000			
		1,850,000			1,850,000

保険料

		36,000	(4)	前払保険料	15,000
			(8)	損　益	21,000
		36,000			36,000
(10)	前払保険料	15,000			

支払利息

		30,000	(8)	損　益	40,000
(5)	未払利息	10,000			
		40,000			40,000
			(11)	未払利息	10,000

減価償却費

(2)	諸　口	90,000	(8)	損　益	90,000

備品減価償却累計額

3/31	次期繰越	30,000	(2)	減価償却費	30,000
			4/1	前期繰越	30,000

前払保険料

(4)	保険料	15,000	3/31	次期繰越	15,000
4/1	前期繰越	15,000	(10)	保険料	15,000

未払利息

3/31	次期繰越	10,000	(5)	支払利息	10,000
(11)	支払利息	10,000	4/1	前期繰越	10,000

法人税，住民税及び事業税

(6)	未払法人税等	140,000	(8)	損益	140,000

未払法人税等

3/31	次期繰越	140,000	(6)	法人税，住民税及び事業税	140,000
			4/1	前期繰越	140,000

損　益

(8)	仕入	1,680,000	(7)	売上	2,600,000
	支払家賃	220,000			
	保険料	21,000			
	給料	196,000			
	支払利息	40,000			
	貸倒引当金繰入	7,000			
	減価償却費	90,000			
	法人税，住民税及び事業税	140,000			
(9)	繰越利益剰余金	206,000			
		2,600,000			2,600,000

3－6 財務諸表の作成

貸借対照表と損益計算書の表示様式には，**勘定式**と**報告式**があります。ここでは勘定式について学習します。

勘定式：T字型に左右に記載する様式です。

貸借対照表

資　　産	XXX	負　　債	XXX
		純 資 産	XXX
	XXX		XXX

損益計算書

費　　用	XXX	収　　益	XXX
純 利 益	XXX		
	XXX		XXX

報告式：**貸借対照表**：上から順に資産，負債，純資産を記載します。

損益計算書：収益から費用を段階的に控除する形で記載します。

貸借対照表

資　　産	XXX
	XXX
負　　債	XXX
純 資 産	XXX
	XXX

損益計算書

収　　益	XXX
費　　用	XXX
純 利 益	XXX

例題4 【例題3】の総勘定元帳の勘定記録に基づき，損益計算書と貸借対照表を作成しなさい。

損益計算書

令和X1年4月1日から令和X2年3月31日まで

費用	金額	収益	金額
(　　)	(　　)	(　　)	(　　)
支払家賃	(　　)		
保険料	(　　)		
給料	(　　)		
貸倒引当金繰入	(　　)		
減価償却費	(　　)		
支払利息	(　　)		
法人税，住民税及び事業税	(　　)		
当期(　　)	(　　)		
	(　　)		(　　)

貸借対照表

令和X2年3月31日

資産	内訳	金額	負債および純資産	金額
現金		(　　)	買掛金	(　　)
当座預金		(　　)	借入金	(　　)
売掛金	(　　)		未払法人税等	(　　)
(　　)	(　　)	(　　)	未払利息	(　　)
(　　)		(　　)	資本金	(　　)
前払保険料		(　　)	利益準備金	(　　)
備品	(　　)		繰越利益剰余金	(　　)
(　　)	(　　)	(　　)		
建物	(　　)			
(　　)	(　　)	(　　)		
土地		(　　)		
		(　　)		(　　)

解　答

損益計算書

令和X1年4月1日から令和X2年3月31日まで

費　用	金　額	収　益	金　額
(売上原価)	(1,680,000)	(売上高)	(2,600,000)
支払家賃	(220,000)		
保険料	(21,000)		
給料	(196,000)		
貸倒引当金繰入	(7,000)		
減価償却費	(90,000)		
支払利息	(40,000)		
法人税，住民税及び事業税	(140,000)		
当期(純利益)	(206,000)		
	(2,600,000)		(2,600,000)

貸借対照表

令和X2年3月31日

資　産	内　訳	金　額	負債および純資産	金　額
現金		(218,000)	買掛金	(160,000)
当座預金		(320,000)	借入金	(1,200,000)
売掛金	(300,000)		未払法人税等	(140,000)
(貸倒引当金)	(12,000)	(288,000)	未払利息	(10,000)
(商品)		(150,000)	資本金	(2,000,000)
前払保険料		(15,000)	利益準備金	(68,000)
備品	(200,000)		繰越利益剰余金	(223,000)
(備品減価償却累計額)	(30,000)	(170,000)		
建物	(2,000,000)			
(建物減価償却累計額)	(960,000)	(1,040,000)		
土地		(1,600,000)		
		(3,801,000)		(3,801,000)

解　説

総勘定元帳と貸借対照表・損益計算書で記載される科目名が異なるものがあります。

また，資産の評価勘定（貸倒引当金と減価償却累計額）の記載にも注意する必要があります。

〔損益計算書について〕

ⅰ）「売上」勘定は「売上高」と表示します。

ⅱ）決算整理後残高試算表の「仕入」勘定の金額は，修正後のため「売上原価」を意味しています。そこで損益計算書を作成する場合，「仕入」ではなく，「売上原価」という具体的な表示科目を用います。

〔貸借対照表について〕

ⅰ）「繰越商品」勘定は，「商品」という表示科目を用います。

ⅱ）「貸倒引当金」は，「売掛金」「受取手形」から控除する形式で記載します。

ⅲ）「減価償却累計額」は，償却性資産から個々（たとえば備品，建物，車両）に控除する形式で記載します。

問　題　次の資料(A)と資料(B)から，下記に示した各勘定について，（　）内に必要な記入を行いなさい。会計期間は３月31日までの１年間とする。

資料(A)　当期中の商品売買に関する取引

１）期首商品棚卸高	¥　500,000		４）総売上高	¥7,200,000
２）総仕入高	¥6,000,000		５）売上戻り高	¥　200,000
３）仕入返品高	¥　180,000			

資料(B)　期末商品棚卸高

帳簿棚卸数量　400個　　原価　@¥1,200

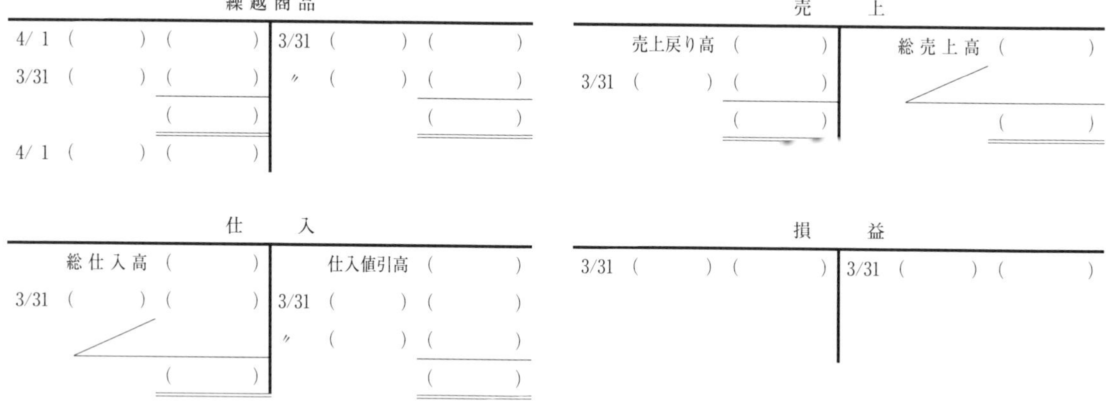

繰越商品

4/1	(　　)	(　　)	3/31	(　　)	(　　)
3/31	(　　)	(　　)	〃	(　　)	(　　)
		(　　)			(　　)
4/1	(　　)	(　　)			

売　上

	売上戻り高	(　　)	総売上高	(　　)
3/31	(　　)	(　　)		
		(　　)		(　　)

仕　入

	総仕入高	(　　)		仕入値引高	(　　)
3/31	(　　)	(　　)	3/31	(　　)	(　　)
			〃	(　　)	(　　)
		(　　)			(　　)

損　益

3/31	(　　)	(　　)	3/31	(　　)	(　　)

解　答

繰越商品

4/1	（前期繰越）	（500,000）	3/31	（仕　入）	（500,000）
3/31	（仕　入）	（480,000）	〃	（次期繰越）	（480,000）
		（980,000）			（980,000）
4/1	（前期繰越）	（480,000）			

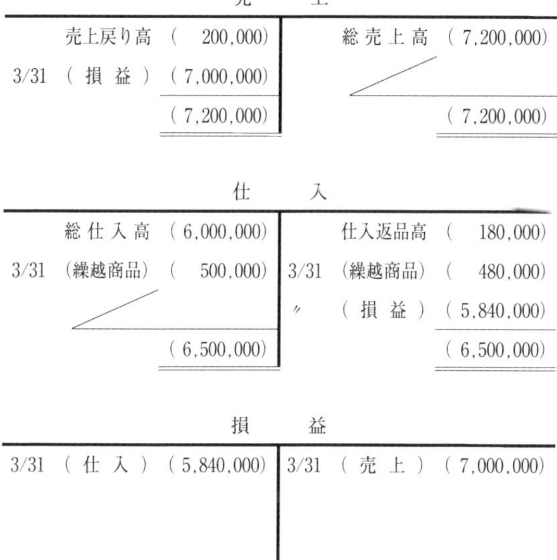

売　　上

	売上戻り高	(　200,000)		総売上高	(7,200,000)
3/31	(損　益)	(7,000,000)			
		(7,200,000)			(7,200,000)

仕　　入

	総仕入高	(6,000,000)		仕入返品高	(　180,000)
3/31	(繰越商品)	(　500,000)	3/31	(繰越商品)	(　480,000)
			〃	(損　益)	(5,840,000)
		(6,500,000)			(6,500,000)

損　　益

3/31	(仕　入)	(5,840,000)	3/31	(売　上)	(7,000,000)

解　説

繰越商品の期首における前期繰越高および期中の商品売買に関する記入を各勘定に行った後に，以下の決算整理仕訳及び決算振替仕訳を考えて勘定記入を行います。

〔3/31　決算整理仕訳〕

(借)	仕　　入	500,000	(貸)	繰越商品	500,000
(借)	繰越商品	480,000	(貸)	仕　　入	480,000

〔3/31　決算振替仕訳〕

(借)	売　　上	7,000,000	(貸)	損　　益	7,000,000
(借)	損　　益	5,840,000	(貸)	仕　　入	5,840,000

問　題　下記に示した各勘定について，（　）内に必要な記入を行いなさい。会計期間は３月31日までの１年間とする。

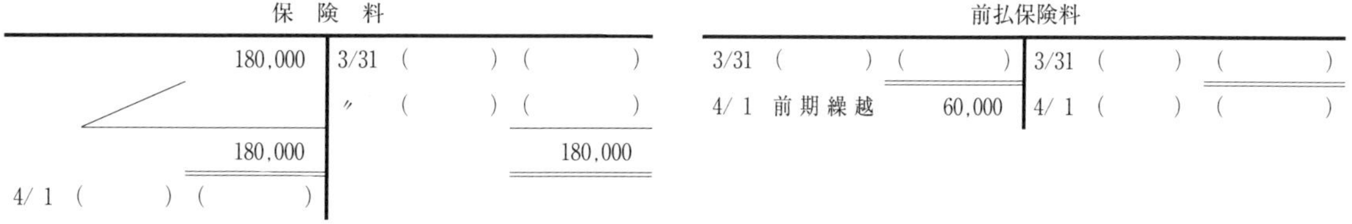

保　険　料

		180,000	3/31	(　　)	(　　)
			〃	(　　)	(　　)
		180,000			180,000
4/1	(　　)	(　　)			

前払保険料

3/31	(　　)	(　　)	3/31	(　　)	(　　)
4/1	前期繰越	60,000	4/1	(　　)	(　　)

解　答

保　険　料

	180,000	3/31	(前払保険料)	(	60,000)
		〃	(損　益)	(	120,000)
	180,000				180,000
4/ 1 (前払保険料) (	60,000)				

前払保険料

3/31	(保 険 料) (	60,000)	3/31	(次期繰越) (	60,000)
4/ 1	前 期 繰 越	60,000	4/ 1	(保 険 料) (	60,000)

解　説

前払保険料勘定の「前期繰越」が¥60,000であることから，決算整理仕訳を推察し，期首の再振替仕訳とあわせて転記します。

〔3/31　決算整理仕訳〕

（借）前払保険料　60,000　（貸）保　険　料　60,000

〔4/1　再振替仕訳〕

（借）保　険　料　60,000　（貸）前払保険料　60,000

問　題

以下の仕訳を示しなさい。

1．決算を行い，当期純利益¥1,200,000を計上した。

2．決算を行い，当期純損失¥700,000を計上した。

	借方科目	金　額	貸方科目	金　額
1．				
2．				

解　答

1．（借）損　　益　1,200,000　（貸）繰越利益剰余金　1,200,000

2．（借）繰越利益剰余金　700,000　（貸）損　　益　700,000

巻末問題

- 仕訳問題
- 試算表問題
- 精算表問題
- 財務諸表問題

仕訳問題（商品に関する勘定は3分法による）

■商　品

⑴　仕入先青木商店より商品￥30,000を仕入れ，代金のうち￥10,000は現金で支払い，残額は掛とした。

⑵　原価￥50,000の商品を￥80,000で売り渡し，代金は現金で受け取った。

⑶　得意先金沢商店へ商品￥400,000を販売し，代金のうち半額は現金で受け取り，残額は掛とした。

⑷　さきに得意先黒田商店に対して掛売りした商品のうち￥5,000が品質不良のため，返品された。

⑸　高畑商店から仕入れた商品のうち，品違いがあり，返品した。この金額￥90,000は，同店に対する買掛金から差し引いた。

⑹　石田商店から，商品￥60,000を掛けで仕入れた。なお，この商品の運賃（当方負担）￥2,000は現金で支払った。

⑺　園田商店に商品￥20,000を掛けで売り渡した。なお，この商品の配送運賃￥10,000（当方負担）は，現金で支払った。

⑻　沢田商店に商品￥80,000を掛けで売り渡した。なお，この商品の配送運賃￥5,000（沢田商店負担）を，現金で立て替えて支払った（立替金勘定を用いない）。

⑼　商品￥60,000（本体価格）を仕入れ，消費税10％に相当する￥6,000を含め，代金は来月支払うこととした。なお，消費税については税抜き方式で記帳する。

⑽　商品￥500,000をクレジット払いの条件で販売するとともに，信販会社へのクレジット手数料（販売代金の5％）を計上した。

■現金・当座預金

⑾　細田商店に商品￥50,000を売り渡し，代金は同店振り出しの小切手で受け取った。

⑿　得意先金川商店に商品￥250,000を販売し，この代金のうち半額は同店振出の小切手で受け取り，残額は郵便為替証書を受けとった。

⒀　仕入先小林商店より商品￥30,000を仕入れ，代金￥20,000は小切手を支払い，残額は掛とした。

⒁　福岡商店へ商品￥960,000を売り渡し，代金は同店振出の小切手で受け取り，ただちに当座預金に預け入れた。

⒂　商品￥450,000を仕入れ，代金は小切手を振り出して支払った。

⒃　太田商店へ商品￥200,000を売り渡し，代金は同店振出の小切手で受け取った。ただし，この受け取った小切手はただちに当座預金に預け入れた。

⒄　小沢商店へ商品￥780,000を売り渡し，代金として小切手を受け取った。ただし，この受け取った小切手は，当店がかねて振り出した小切手であった。

⒅　石川商店は，江頭商店から商品￥400,000を仕入れ，引取費用￥10,000とともに小切手を振り出して支払った。

⒆　浅見商店へ商品￥2,000（税抜き）を売り渡し，売上代金は消費税￥200とともに現金で受け取った。

⒇ 大阪銀行と当座取引契約を結び，現金¥300,000を当座預金に預け入れた。

■小口現金

(21) ① 当社では，定額資金前渡制度（インプレスト・システム）を採用し，小口現金¥50,000を小切手を振り出して用度係に前渡しした。

② 用度係から次のような報告を受けた。通信費¥10,000，交通費¥5,000

③ 用度係に小切手を振り出して小口現金の補給をした。

■手形・電子記録債権・電子記録債務

(22) ① 赤白商店から商品¥360,000を仕入れ，代金として約束手形を振り出した。

② 赤白商店は，上記の手形が満期日となり，手形代金が当座預金から引き落とされた。

(23) 宮崎商店より商品¥220,000を仕入れ，¥200,000については同店あての約束手形を振り出して支払い，残額は掛けとした。

(24) 北海島商店に対する買掛金¥40,000支払いのために小切手¥10,000と約束手形¥30,000を振り出した。

(25) ① 長崎商店へ商品を売り上げ，この代金¥75,000のうち¥30,000は同店振出の小切手で受け取り，残額は当店あての約束手形で受け取った。

② ①の約束手形が決済された。

(26) 鹿児島商店から，売掛金¥450,000を約束手形で受け取ったが，これは以前当店が振り出した手形であった。

(27) 香椎商店は，和白商店に商品¥100,000を売り上げ，うち¥60,000は約束手形で受け取り，残額は掛けとした。なお，商品の発送にあたって，発送運賃¥3,000（先方負担）を現金で支払った。

(28) 熊本商店は，佐賀商店に対する買掛金¥3,000,000の支払いを電子債権記録機関で行うため，取引銀行を通して債務の発生記録を行った。また，佐賀商店は取引銀行よりその通知を受けた。

① 熊本商店の仕訳

② 佐賀商店の仕訳

(29) 四国商店は，電子債権記録機関に発生記録した債権¥400,000の支払期日が到来し，普通預金口座に振り込まれた。

(30) 名古屋商店は，電子債権記録機関に発生記録した債務¥500,000の支払期日が到来したので，当座預金口座から引き落とされた。

■固定資産

(31) 土地を¥5,000,000で購入し，代金は購入手数料¥350,000，登記料¥100,000とともに小切手を振り出して支払った。

(32) 営業用の建物¥8,000,000を購入し，代金は購入手数料¥250,000とともに小切手を振り出して支払った。

(33) 備品を¥150,000で購入し，代金のうち¥50,000は小切手を振り出して支払い，残りは月末に支払うことにした。なお，その際，引取運賃￥10,000を現金で支払った。

(34)　店舗の賃借にあたり，敷金￥1,000,000，不動産会社への手数料￥200,000，１か月の家賃￥150,000を普通預金口座から振り込んだ。

■貸付金・借入金

(35)　鈴木商店に対して現金￥300,000を貸し付けた。

(36)　取引先に￥460,000を貸付け，利息￥30,000を差し引いた残額について，小切手を振り出した。

(37)　役員より現金￥100,000を借り入れた。

(38)　借入金のうち￥56,000を利息￥2,000とともに小切手を振り出して支払った。

(39)　佐藤商店は，小坂商店に￥500,000を貸し付けることになり，現金￥500,000を渡した。なお，借用証書の代わりとして，小坂商店振り出しの約束手形を受け取った。

(40)　南銀行より￥700,000を借り入れ，同額の約束手形を振出した。なお，利息￥10,000を差し引いた手取額を当座預金とした。

■前払金・前受金・未払金・未収金

(41)　埼玉商店は名古屋商店に商品￥800,000を注文し，手付金として￥100,000を小切手を振り出して支払った。

(42)　久留米商店は沖縄商店より商品￥750,000の注文を受け，手付金として￥50,000を同店振出の小切手で受け取った。

(43)　佐賀商店に対し，さきに注文のあった商品を引き渡し，この代金￥240,000から内金￥40,000を控除した差額を，同店振出の約束手形で受け取った。

(44)　山北商店は以前注文しておいた商品￥90,000を受け取り，注文したときに支払っておいた内金￥10,000を差し引いて，残額を小切手を振り出して支払った。

(45)　野中商店から商品￥400,000を仕入れ，代金のうち￥200,000は注文時に支払った手付金と相殺し，￥100,000は約束手形を振り出し，残りは月末に支払うことにした。

(46)　岩崎商店に対し，さきに注文のあった商品を引き渡し，この代金￥570,000から手付金￥200,000を控除した差額のうち，半額を同店振出の約束手形で受取り，残額は月末に受け取ることにした。

(47)　備品￥550,000を購入し，この代金は月末に支払うことにした。

(48)　才原商店に不用品などを売却し，この代金￥25,000は月末に受け取ることにした。

(49)　建物￥45,000,000（購入手数料￥95,000）を購入し，代金のうち￥2,000,000を小切手を振り出して支払い，差額は月末支払うことにした。

(50)　事務用の消耗品￥3,000を購入した。購入先は，いつも取引している店であるため，代金は月末の決済としている。

■現金過不足

(51)　①　現金の実際有高が帳簿残高より￥58,000不足していたので，とりあえず現金過不足勘定で処理をした。

②　その後原因を調べたところ，通信費の支払額¥80,000と手数料の受取額¥22,000の記載もれであった。

(52)　現金の実際有高が帳簿残高より¥32,000多いことが分かった。

(53)　現金の実際有高が帳簿残高より¥45,000不足していたので，かねて現金過不足勘定で処理しておいたが，その後原因を調べたところ，交通費の支払額の記帳もれが判明した。

(54)　現金の実際有高が帳簿残高より¥35,000不足していたので，かねて現金過不足勘定で処理しておいたが，その後原因を調べたところ，交通費の支払額¥2,000，通信費の支払額¥17,000および手数料の受取額¥5,000が記帳もれであることが判明した。

■仮払金・仮受金

(55)　従業員の出張にあたり，旅費として概算額¥80,000を現金で渡した。

(56)　出張中の従業員から¥90,000の当座預金に振り込みがあったが，その内容は不明であった。

(57)　従業員が出張から戻り，仮払額¥85,000を精算し，旅費の不足額¥5,000を現金で支払った。

■立替金・預り金

(58)　従業員のＡ子さんに給料の前貸しとして，現金¥50,000を支給した。

(59)　従業員から預かった所得税の源泉徴収額¥40,000を現金で納付した。

(60)　給料¥200,000について，従業員負担の健康保険料¥10,000および厚生年金保険料¥15,000を控除した残額を普通預金口座から振り込んだ。

■資 本 金

(61)　㈱東北商事の設立にあたり，１株あたり¥50,000で株式を100株発行し，出資者より現金を受け取った。発行価額の全額を資本金とする。

(62)　Ａ銀行とＢ信用金庫に当座預金口座を開設し，それぞれの当座預金に現金¥200,000を預け入れた。ただし管理のために口座ごとに勘定を設定することとした。

(63)　㈱朝子商事は増資を行うことになり，１株当たり¥50,000で株式を新たに200株発行し，出資者より当社の当座預金口座に払い込まれた。発行額の全額を資本金とする。

(解答用紙)

	借方科目	金　額	貸方科目	金　額
(1)				
(2)				
(3)				
(4)				
(5)				
(6)				
(7)				
(8)				
(9)				
(10)				
(11)				
(12)				
(13)				
(14)				
(15)				
(16)				
(17)				
(18)				
(19)				
(20)				
(21) ①				
②				
③				

⑿	①				
	②				
⒀					
⒁					
⒂	①				
	②				
⒃					
⒄					
⒅	①				
	②				
⒆					
⒇					
(31)					
(32)					
(33)					
(34)					
(35)					
(36)					
(37)					
(38)					
(39)					
(40)					
(41)					
(42)					

(43)					
(44)					
(45)					
(46)					
(47)					
(48)					
(49)					
(50)					
(51)	①				
	②				
(52)					
(53)					
(54)					
(55)					
(56)					
(57)					
(58)					
(59)					
(60)					
(61)					
(62)					
(63)					

（仕訳問題の復習解答）

	借方科目	金　額	貸方科目	金　額
(1)	仕　入	30,000	現　金	10,000
			買掛金	20,000
(2)	現　金	80,000	売　上	80,000
(3)	現　金	200,000	売　上	400,000
	売掛金	200,000		
(4)	売　上	5,000	売掛金	5,000
(5)	買掛金	90,000	仕　入	90,000
(6)	仕　入	62,000	買掛金	60,000
			現　金	2,000
(7)	売掛金	20,000	売　上	20,000
	発送費	10,000	現　金	10,000
(8)	売掛金	85,000	売　上	80,000
			現　金	5,000
(9)	仕　入	60,000	買掛金	66,000
	仮払消費税	6,000		
(10)	クレジット売掛金	475,000	売　上	500,000
	支払手数料	25,000		
(11)	現　金	50,000	売　上	50,000
(12)	現　金	250,000	売　上	250,000
(13)	仕　入	30,000	当座預金	20,000
			買掛金	10,000
(14)	当座預金	960,000	売　上	960,000
(15)	仕　入	450,000	当座預金	450,000
(16)	当座預金	200,000	売　上	200,000
(17)	当座預金	780,000	売　上	780,000
(18)	仕　入	410,000	当座預金	410,000
(19)	現　金	2,200	売　上	2,000
			仮受消費税	200
(20)	当座預金	300,000	現　金	300,000
(21) ①	小口現金	50,000	当座預金	50,000
②	通信費	10,000	小口現金	15,000
	交通費	5,000		
③	小口現金	15,000	当座預金	15,000
(22) ①	仕　入	360,000	支払手形	360,000
②	支払手形	360,000	当座預金	360,000

(23)	仕　　　入	220,000	支払手形 買掛金	200,000 20,000
(24)	買掛金	40,000	当座預金 支払手形	10,000 30,000
(25) ① ②	現　　　金 受取手形 当座預金	30,000 45,000 45,000	売　　　上 受取手形	75,000 45,000
(26)	支払手形	450,000	売掛金	450,000
(27)	受取手形 売掛金	60,000 43,000	売　　　上 現　　　金	100,000 3,000
(28) ① ②	買掛金 電子記録債権	3,000,000 3,000,000	電子記録債務 売掛金	3,000,000 3,000,000
(29)	普通預金	400,000	電子記録債権	400,000
(30)	電子記録債務	500,000	当座預金	500,000
(31)	土　　　地	5,450,000	当座預金	5,450,000
(32)	建　　　物	8,250,000	当座預金	8,250,000
(33)	備　　　品	160,000	当座預金 未払金 現　　　金	50,000 100,000 10,000
(34)	支払家賃 差入保証金 支払手数料	150,000 1,000,000 200,000	普通預金	1,350,000
(35)	貸付金	300,000	現　　　金	300,000
(36)	貸付金	160,000	当座預金 受取利息	430,000 30,000
(37)	現　　　金	100,000	役員借入金	100,000
(38)	借入金 支払利息	56,000 2,000	当座預金	58,000
(39)	手形貸付金	500,000	現　　　金	500,000
(40)	当座預金 支払利息	690,000 10,000	手形借入金	700,000
(41)	前払金	100,000	当座預金	100,000
(42)	現　　　金	50,000	前受金	50,000
(43)	前受金 受取手形	40,000 200,000	売　　　上	240,000
(44)	仕　　　入	90,000	前払金 当座預金	10,000 80,000

(45)	仕　入	400,000	前払金 支払手形 買掛金	200,000 100,000 100,000
(46)	前受金 受取手形 売掛金	200,000 185,000 185,000	売　上	570,000
(47)	備　品	550,000	未払金	550,000
(48)	未収入金	25,000	雑　益	25,000
(49)	建　物	45,095,000	当座預金 未払金	2,000,000 43,095,000
(50)	消耗品費	3,000	未払金	3,000
(51) ① ②	現金過不足 通信費	58,000 80,000	現　金 現金過不足 受取手数料	58,000 58,000 22,000
(52)	現　金	32,000	現金過不足	32,000
(53)	交通費	45,000	現金過不足	45,000
(54)	交通費 通信費 雑　損	2,000 17,000 21,000	現金過不足 受取手数料	35,000 5,000
(55)	仮払金	80,000	現　金	80,000
(56)	当座預金	90,000	仮受金	90,000
(57)	旅費交通費	90,000	仮払金 現　金	85,000 5,000
(58)	従業員立替金	50,000	現　金	50,000
(59)	所得税預り金	40,000	現　金	40,000
(60)	給　料	200,000	社会保険料預り金 普通預金	25,000 175,000
(61)	現　金	5,000,000	資本金	5,000,000
(62)	当座預金A銀行 当座預金B信用金庫	200,000 200,000	現　金	400,000
(63)	当座預金	10,000,000	資本金	10,000,000

試算表問題

問題１　㈱東金商店の７月末日における合計試算表(A)および，８月中の取引(B)から，８月末日における合計残高試算表を作成しなさい。

(A)　７月末の合計試算表

合　計　試　算　表

令和Ｘ年７月31日

借　　方	勘　定　科　目	貸　　方
432,000	現　　　　　金	328,000
160,000	当　座　預　金	32,000
200,000	売　　掛　　金	112,000
80,000	備　　　　　品	
88,000	買　　掛　　金	120,000
40,000	借　　入　　金	120,000
	未　　払　　金	80,000
	資　　本　　金	200,000
	売　　　　　上	200,000
120,000	仕　　　　　入	
40,000	支　払　家　賃	
32,000	給　　　　　料	
1,192,000		1,1920,000

(B)　８月中の取引

10日：未払金残高の小切手振出しによる決済高￥20,000

15日：掛仕入￥120,000

17日：掛売上￥200,000

19日：売掛金の現金回収高￥240,000

21日：買掛金の現金決済高￥112,000

23日：家賃の現金支払高￥40,000

25日：従業員給料の小切手振出しによる支払高￥32,000

31日：借入金の現金による返済高￥40,000

合計残高試算表

令和X年8月31日

借方		勘定科目	貸方	
残高	合計		合計	残高
		現金		
		当座預金		
		売掛金		
		備品		
		買掛金		
		借入金		
		未払金		
		資本金		
		売上		
		仕入		
		支払家賃		
		給料		

解答

合計残高試算表

令和X年8月31日

借方		勘定科目	貸方	
残高	合計		合計	残高
152,000	672,000	現金	520,000	
76,000	160,000	当座預金	84,000	
48,000	400,000	売掛金	352,000	
80,000	80,000	備品		
	200,000	買掛金	240,000	40,000
	80,000	借入金	120,000	40,000
	20,000	未払金	80,000	60,000
		資本金	200,000	200,000
		売上	400,000	400,000
240,000	240,000	仕入		
80,000	80,000	支払家賃		
64,000	64,000	給料		
740,000	1,996,000		1,996,000	740,000

解　説

1．8月中の取引の仕訳

日付	借方	金額	貸方	金額
8月10日：(借)	未払金	20,000	(貸) 当座預金	20,000
8月15日：(借)	仕入	120,000	(貸) 買掛金	120,000
8月17日：(借)	売掛金	200,000	(貸) 売上	200,000
8月19日：(借)	現金	240,000	(貸) 売掛金	240,000
8月21日：(借)	買掛金	112,000	(貸) 現金	112,000
8月23日：(借)	支払家賃	40,000	(貸) 現金	40,000
8月25日：(借)	給料	32,000	(貸) 当座預金	32,000
8月31日：(借)	借入金	40,000	(貸) 現金	40,000

2．7月末日の合計額の記入と8月中の仕訳の転記

現　金

7月末	432,000	7月末	328,000
8/19	240,000	8/21	112,000
		8/23	40,000
		8/31	40,000

当座預金

7月末	160,000	7月末	32,000
		8/10	20,000
		8/25	32,000

売掛金

7月末	200,000	7月末	112,000
8/17	200,000	8/19	240,000

備　品

7月末	80,000		

買掛金

7月末	88,000	7月末	120,000
8/21	112,000	8/15	120,000

借入金

7月末	40,000	7月末	120,000
8/31	40,000		

未払金

8/10	20,000	7月末	80,000

資本金

		7月末	200,000

売　上

		7月末	200,000
		8/17	200,000

仕　入

7月末	120,000		
8/15	120,000		

支払家賃

7月末	40,000		
8/23	40,000		

給　料

7月末	32,000		
8/25	32,000		

3．合計残高試算表の作成

上記のＴ勘定の金額を，借方・貸方の合計額，残高の順に計算し記入します。

問題２ ㈱六浦商店の６月25日時点における合計試算表(A)および６月26日から30日までの取引(B)から６月末日における合計残高試算表を作成しなさい。

(A) ６月25日時点の合計試算表

合計試算表

令和Ｘ年６月25日

借方	勘定科目	貸方
4,500,000	現金	2,800,000
6,200,000	当座預金関東銀行	1,800,000
2,200,000	当座預金八景銀行	550,000
3,100,000	売掛金	2,810,000
580,000	受取手形	340,000
900,000	電子記録債権	750,000
770,000	繰越商品	
900,000	備品	
1,680,000	買掛金	2,100,000
120,000	支払手形	590,000
290,000	電子記録債務	795,000
15,000	所得税預り金	15,000
25,000	借入金	2,000,000
260,000	資本金	4,500,000
	繰越利益剰余金	500,000
	売上	8,190,000
20,000	受取利息	100,000
4,800,000	仕入	
950,000	給料	
170,000	水道光熱費	
290,000	支払家賃	
70,000	支払利息	
27,840,000		27,840,000

(B)　6月26日から30日までの取引

26日　掛　　仕　　入：福岡商店￥60,000　　佐賀商店￥12,000

経費支払い：水道光熱費￥28,000　　当座預金八景銀行口座から引落し。

買掛金支払い：佐賀商店￥52,000　　当座預金関東銀行口座から支払い。

27日　掛　　売　　上：宮崎商店￥310,000

電子記録債権：宮崎商店に対する売掛金￥100,000について，同店の承諾後，電子記録債権の発生。

手形仕入：福岡商店￥45,000

28日　掛　　売　　上：鹿児島商店　￥100,000

給料支払い：支給総額￥350,000（所得税の源泉徴収額￥15,000）を差引額を当座預金関東銀行口座から引き落とし。

29日　電子記録債務：福岡商店に対する買掛金￥120,000について，同店の承諾後，電子記録債務の発生。

売掛金回収：鹿児島商店￥80,000　　当座預金関東銀行口座に入金。

電子記録債権：回収￥100,000　　当座預金関東銀行口座に入金。

手形支払い：福岡商店￥20,000　　当座預金八景銀行口座から引落し。

30日　経費支払い：支払利息￥5,000　　当座預金八景銀行口座から引落し。

手形受取り：宮崎商店￥10,000　　当座預金関東銀行口座に入金。

電子記録債務：支払い￥300,000　　当座預金八景銀行口座から引落し。

合計残高試算表

令和X年6月30日

借方		勘定科目	貸方	
残高	合計		合計	残高
		現金		
		当座預金関東銀行		
		当座預金八景銀行		
		売掛金		
		受取手形		
		電子記録債権		
		繰越商品		
		備品		
		買掛金		
		支払手形		
		電子記録債務		
		所得税預り金		
		借入金		
		資本金		
		繰越利益剰余金		
		売上		
		受取利息		
		仕入		
		給料		
		水道光熱費		
		支払家賃		
		支払利息		

解答

合計残高試算表

令和X年6月30日

借方		勘定科目	貸方	
残高	合計		合計	残高
1,700,000	4,500,000	現金	2,800,000	
4,203,000	6,390,000	当座預金関東銀行	2,187,000	
1,297,000	2,200,000	当座預金八景銀行	903,000	
520,000	3,510,000	売掛金	2,990,000	
230,000	580,000	受取手形	350,000	
150,000	1,000,000	電子記録債権	850,000	
770,000	770,000	繰越商品		
900,000	900,000	備品		
	1,852,000	買掛金	2,172,000	320,000
	140,000	支払手形	635,000	495,000
	590,000	電子記録債務	915,000	325,000
	15,000	所得税預り金	30,000	15,000
	25,000	借入金	2,000,000	1,975,000
	260,000	資本金	4,500,000	4,240,000
		繰越利益剰余金	500,000	500,000
		売上	8,600,000	8,600,000
	20,000	受取利息	100,000	80,000
4,917,000	4,917,000	仕入		
1,300,000	1,300,000	給料		
198,000	198,000	水道光熱費		
290,000	290,000	支払家賃		
75,000	75,000	支払利息		
16,550,000	29,532,000		29,532,000	16,550,000

解　説

26日：	(借)	仕　　入	60,000	(貸)	買 掛 金	60,000
	(借)	仕　　入	12,000	(貸)	買 掛 金	12,000
	(借)	水道光熱費	28,000	(貸)	当座預金(八)	28,000
	(借)	買 掛 金	52,000	(貸)	当座預金(関)	52,000
27日：	(借)	売 掛 金	310,000	(貸)	売　　上	310,000
	(借)	電子記録債権	100,000	(貸)	売 掛 金	100,000
	(借)	仕　　入	45,000	(貸)	支払手形	45,000
28日：	(借)	売 掛 金	100,000	(貸)	売　　上	100,000
	(借)	給　　料	350,000	(貸)	所得税預り金	15,000
					当座預金(関)	335,000
29日：	(借)	買 掛 金	120,000	(貸)	電子記録債務	120,000
	(借)	当座預金(関)	80,000	(貸)	売 掛 金	80,000
	(借)	当座預金(関)	100,000	(貸)	電子記録債権	100,000
	(借)	支払手形	20,000	(貸)	当座預金(八)	20,000
30日：	(借)	支払利息	5,000	(貸)	当座預金(八)	5,000
	(借)	当座預金(関)	10,000	(貸)	受取手形	10,000
	(借)	電子記録債務	300,000	(貸)	当座預金(八)	300,000

精算表問題

問題１　次の期末修正事項によって精算表を完成させなさい。なお，会計期間は１年である。

(1)　受取手形と売掛金の合計額に対して３％の貸し倒れを見積もる。

(2)　期末商品卸高は¥200,000である。売上原価は「仕入」の行で計算する方法による。

(3)　備品につき，残存価額を取得原価の10%，耐用年数を９年として定額法により減価償却を行う。

(4)　利息の未収分が¥5,000あった。

(5)　地代の未払分が¥2,000あった。

(6)　保険料の前払分が¥6,000あった。

(7)　未使用の切手¥5,000分があることが判明した。

精算表

勘定科目	試算表		修正記入		損益計算書		貸借対照表	
	借方	貸方	借方	貸方	借方	貸方	借方	貸方
現金	237,000							
当座預金	300,000							
受取手形	250,000							
売掛金	150,000							
貸倒引当金		7,000						
貸付金	350,000							
繰越商品	220,000							
備品	800,000							
備品減価償却累計額		80,000						
支払手形		230,000						
買掛金		150,000						
資本金		1,500,000						
利益準備金		170,000						
繰越利益剰余金		30,000						
売上		2,040,000						
受取利息		15,000						
仕入	1,530,000							
給料	210,000							
支払地代	60,000							
支払家賃	80,000							
保険料	24,000							
通信費	11,000							
	4,222,000	4,222,000						
貸倒引当金（　　）								
減価償却費								
（　　　　）利息								
（　　　　）地代								
（　　　　）保険料								
（　　　　　　）								
当期純（　　　　）								

解答

精算表

勘定科目	試算表		修正記入		損益計算書		貸借対照表	
	借方	貸方	借方	貸方	借方	貸方	借方	貸方
現金	237,000						237,000	
当座預金	300,000						300,000	
受取手形	250,000						250,000	
売掛金	150,000						150,000	
貸倒引当金		7,000		5,000				12,000
貸付金	350,000						350,000	
繰越商品	220,000		200,000	220,000			200,000	
備品	800,000						800,000	
備品減価償却累計額		80,000		80,000				160,000
支払手形		230,000						230,000
買掛金		150,000						150,000
資本金		1,500,000						1,500,000
利益準備金		170,000						170,000
繰越利益剰余金		30,000						30,000
売上		2,040,000				2,040,000		
受取利息		15,000		5,000		20,000		
仕入	1,530,000		220,000	200,000	1,550,000			
給料	210,000				210,000			
支払地代	60,000		2,000		62,000			
支払家賃	80,000				80,000			
保険料	24,000			6,000	18,000			
通信費	11,000			5,000	6,000			
	4,222,000	4,222,000						
貸倒引当金（繰入）			5,000		5,000			
減価償却費			80,000		80,000			
（未収）利息			5,000				5,000	
（未払）地代				2,000				2,000
（前払）保険料			6,000				6,000	
（貯蔵品）			5,000				5,000	
			523,000	523,000	2,011,000	2,060,000	2,303,000	2,254,000
当期純（利益）					49,000			49,000
					2,060,000	2,060,000	2,303,000	2,303,000

問題2　次の決算整理事項に基づいて，精算表を作成しなさい。ただし，会計期間は20X3年４月１日から20X4年３月31日までの１年である。

1．仮払金は，社員の出張旅費の前払分であるが，決算日に社員が帰社しその精算を行ったところ，¥60,000は交通費であるとの報告を受け，残額については返金を受けた。
2．仮受金は，出張中の社員からの送金分であったが，社員の帰社後，その全額について売掛金の回収であることが判明した。
3．現金について調査したところ，¥5,000が不足していたが，その原因は不明である。
4．受取手形及び売掛金の期末残高に対して２％の貸倒れを見積もる。
6．期末商品棚卸高は¥120,000である。
7．備品について定額法により減価償却を行う。なお，備品のうち¥80,000は当期の12月１日に購入したものであり，新備品の減価償却は月割計算を行う。耐用年数は旧備品が９年，新備品が８年であり，残存価額はいずれも取得原価の10％である。
8．支払家賃は月額¥12,000で，毎年５月１日と11月１日に向こう６カ月分を前払いしている。
9．借入金は20X3年６月１日に借入期間１年，利率年６％で借入れたもので，利息は11月末日と５月末日に各半年分を支払うことになっている。利息は月割計算による。

精 算 表

勘定科目	試算表		修正記入		損益計算書		貸借対照表	
	借 方	貸 方	借 方	貸 方	借 方	貸 方	借 方	貸 方
現 金	217,000							
当 座 預 金	283,000							
受 取 手 形	125,000							
売 掛 金	361,000							
貸 倒 引 当 金		3,000						
繰 越 商 品	136,000							
貸 付 金	258,000							
備 品	180,000							
備品減価償却累計額		40,000						
仮 払 金	66,000							
支 払 手 形		110,000						
買 掛 金		50,000						
借 入 金		300,000						
仮 受 金		86,000						
資 本 金		850,000						
利 益 準 備 金		50,000						
繰越利益剰余金		10,000						
売 上		2,211,000						
仕 入	1,706,000							
給 料	157,000							
旅 費 交 通 費	17,000							
支 払 家 賃	156,000							
保 険 料	39,000							
支 払 利 息	9,000							
	3,710,000	3,710,000						
雑（　　　）								
貸倒引当金（　）								
減 価 償 却 費								
（　　　）家賃								
（　　　）利息								
当期（　　　）								

解　答

精　算　表

勘定科目	試算表		修正記入		損益計算書		貸借対照表	
	借　方	貸　方	借　方	貸　方	借　方	貸　方	借　方	貸　方
現　　　　金	217,000		6,000	5,000			218,000	
当　座　預　金	283,000						283,000	
受　取　手　形	125,000						125,000	
売　　掛　　金	361,000			86,000			275,000	
貸　倒　引　当　金		3,000		5,000				8,000
繰　越　商　品	136,000		120,000	136,000			120,000	
貸　　付　　金	258,000						258,000	
備　　　　品	180,000						180,000	
備品減価償却累計額		40,000		13,000				53,000
仮　　払　　金	66,000			66,000				
支　払　手　形		110,000						110,000
買　　掛　　金		50,000						50,000
借　　入　　金		300,000						300,000
仮　　受　　金		86,000	86,000					
資　　本　　金		850,000						850,000
利　益　準　備　金		50,000						50,000
繰越利益剰余金		10,000						10,000
売　　　　上		2,211,000				2,211,000		
仕　　　　入	1,706,000		136,000	120,000	1,722,000			
給　　　　料	157,000				157,000			
旅　費　交　通　費	17,000		60,000		77,000			
支　払　家　賃	156,000			12,000	144,000			
保　　険　　料	39,000				39,000			
支　払　利　息	9,000		6,000		15,000			
	3,710,000	3,710,000						
雑（　損　失　）			5,000		5,000			
貸倒引当金（繰入）			5,000		5,000			
減　価　償　却　費			13,000		13,000			
（　前　払　）家賃			12,000				12,000	
（　未　払　）利息				6,000				6,000
当期純（　利　益　）					34,000			34,000
			449,000	449,000	2,211,000	2,211,000	1,471,000	1,471,000

財務諸表問題

次の決算整理後残高試算表に基づいて，損益計算書と貸借対照表を完成しなさい。なお，？の部分は資料から類推すること。

決算整理後残高試算表

令和 X2 年12月31日

借　方	勘 定 科 目	貸　方
130,000	現金	
346,000	当座預金	
250,000	売掛金	
	貸倒引当金	？
150,000	繰越商品	
180,000	備品	
	備品減価償却累計額	60,000
700,000	土地	
20,000	前払保険料	
	買掛金	128,000
	借入金	300,000
	未払家賃	48,000
	資本金	1,000,000
	利益準備金	？
	繰越利益剰余金	？
	売上	1,900,000
	受取手数料	65,000
？	仕入	
206,000	給料	
144,000	支払家賃	
20,000	減価償却費	
？	貸倒引当金繰入	
16,000	保険料	
8,500	雑損失	
3,636,000		3,636,000

〔資料〕

1．貸倒引当金は，売掛金期末残高の３％を設定しており，決算整理前残高試算表の貸倒引当金の金額は¥2,000であった。

2．決算整理前残高試算表の仕入勘定は¥1,450,000であり，繰越商品勘定は¥160,000だった。

3．決算整理前残高試算表の利益準備金勘定は¥100,000であり，繰越利益剰余金勘定は¥27,500であった。

損益計算書

令和X2年1月1日から令和X2年12月31日まで

費　用	金　額	収　益	金　額
（　　　）		（　　　）	
給　料		受取手数料	
支払家賃			
減価償却費			
貸倒引当金繰入			
保険料			
雑損失			
（　　　）			

貸借対照表

令和X2年12月31日

資　産	内　訳	金　額	負債および純資産	金　額
現　金			買掛金	
当座預金			借入金	
売掛金			未払家賃	
（　　　）			資本金	
（　　　）			利益準備金	
備　品			繰越利益剰余金	
（　　　）				
土　地				
前払保険料				

解　答

損益計算書

令和 X2 年 1 月 1 日から令和 X2 年12月31日まで

費　　用	金　　額	収　　益	金　　額
（売上原価）	1,460,000	（売上高）	1,900,000
給料	206,000	受取手数料	65,000
支払家賃	144,000		
減価償却費	20,000		
貸倒引当金繰入	5,500		
保険料	16,000		
雑損失	8,500		
（当期純利益）	105,000		
	1,965,000		1,965,000

貸借対照表

令和 X2 年12月31日

資　　産	内　　訳	金　　額	負債および純資産	金　　額
現金		130,000	買掛金	128,000
当座預金		346,000	借入金	300,000
売掛金	250,000		未払家賃	48,000
（貸倒引当金）	7,500	242,500	資本金	1,000,000
（商品）		150,000	利益準備金	100,000
備品	180,000		繰越利益剰余金	132,500
（備品減価償却累計額）	60,000	120,000		
土地		700,000		
前払保険料		20,000		
		1,708,500		1,708,500

著者紹介（執筆順）

渡辺　竜介（わたなべ　りゅうすけ）　関東学院大学経営学部 教授

中央大学商学部経営学科卒業，中央大学大学院商学研究科博士後期課程満期退学。

【主要業績】『[公認会計士試験] 財務会計論の重点詳解〈第３版〉』〔共著〕中央経済社，『検定簿記講義　２級商業簿記〈2019年度版〉』〔共著〕中央経済社，『会計学説の系譜と理論構築』〔共著〕同文舘出版。

山北　晴雄（やまきた　はるお）　関東学院大学経営学部 教授

中央大学卒業，法政大学大学院社会科学研究科経営学専攻博士課程単位取得退学。

【主要業績】『ファーストステップ　原価計算を学ぶ』〔共著〕中央経済社，『原価計算ガイダンス』〔共著〕中央経済社，『「会計・財務」の基礎知識』とりい書房。

江頭　幸代（えがしら　さちよ）　関東学院大学経営学部 教授，税理士

福岡大学商学部商学科卒業，九州産業大学大学院商学研究科博士後期課程修了，博士（商学）。

【主要業績】『ライフサイクルコスティング』税務経理協会，『文系女子のためのはじめての日商簿記３級』インプレス社，『リベンジ簿記３級合格テキスト』とりい書房。

加藤　美樹雄（かとう　みきお）　湘北短期大学総合ビジネス・情報学科 准教授

関東学院大学大学院法学研究科修士課程修了，横浜国立大学大学院国際社会科学研究科博士後期課程単位取得退学。

【主要業績】「収益認識時における仕訳と勘定科目の考察―本人か代理人かの判断を中心として―」『簿記研究』第１巻第１号。

石渡　晃子（いしわた　あきこ）　関東学院大学経営学部 非常勤講師，税理士

関東学院大学卒業，関東学院大学大学院経済学研究科経済学専攻修士課程単位修得退学。

【主要業績】『領収書大全』ナツメ社。

野村　智夫（のむら　ともお）　関東学院大学経営学部 非常勤講師，公認会計士・税理士

慶応義塾大学経済学部卒業。

【主要業績】『コンピュータで成功する原価計算システムの進め方』〔共著〕日本実業出版，『会社の上手な売り方・たたみ方』〔共著〕日本実業出版，『やさしくわかるキャッシュフロー』〔共著〕日本実業出版。

基礎簿記テキスト

2020年3月25日　第1版第1刷発行
2023年5月20日　第1版第5刷発行

編著者　渡　辺　竜　介
江　頭　幸　代
山　北　晴　雄

発行者　山　本　　継
発行所　(株)中央経済社
発売元　(株)中央経済グループパブリッシング
〒101-0051　東京都千代田区神田神保町1-35
電話　03(3293)3371(編集代表)
03(3293)3381(営業代表)
https://www.chuokeizai.co.jp
印刷／東光整版印刷(株)
製本／誠　製　本(株)

ISBN978-4-502-33621-8　C3034